プリント形式のリアル過去問で本番の臨場感！

岐阜県

岐阜聖徳学園大学附属中学校

2025年春 受験用

解答集

本書は，実物をなるべくそのままに，プリント形式で年度ごとに収録しています。
問題用紙を教科別に分けて使うことができるので，本番さながらの演習ができます。

■ 収録内容

・解答集(この冊子です)

書籍ＩＤ番号，この問題集の使い方，最新年度実物データ，リアル過去問の活用，
解答例と解説，ご使用にあたってのお願い・ご注意，お問い合わせ

・2024(令和６)年度 ～ 2021(令和３)年度　学力検査問題

JN131838

○は収録あり	年度	'24	'23	'22	'21		
■ 問題(前期)		○	○	○	○		
■ 解答用紙(算数は書き込み式)		○	○	○	○		
■ 配点				※			

算数に解説があります

※2022年度国語の配点は非公表
注)問題文等非掲載:2024年度国語の一，2022年度社会の3

問題文などの非掲載につきまして

著作権上の都合により，本書に収録している過去入試問題の本文や図表の一部を掲載しておりません。ご不便をおかけし，誠に申し訳ございません。

本文の一部を掲載できなかったことによる国語の演習不足を補うため，論説文および小説文の演習問題のダウンロード付録があります。弊社ウェブサイトから書籍ＩＤ番号を入力してご利用ください。

なお，問題の量，形式，難易度などの傾向が，実際の入試問題と一致しない場合があります。

教英出版

■ 書籍ＩＤ番号

入試に役立つダウンロード付録や学校情報などを随時更新して掲載しています。
教英出版ウェブサイトの「ご購入者様のページ」画面で，書籍ＩＤ番号を入力してご利用ください。

書籍ＩＤ番号　103120

（有効期限：2025年9月30日まで）

【入試に役立つダウンロード付録】
「要点のまとめ(国語／算数)」
「課題作文演習」ほか

■ この問題集の使い方

年度ごとにプリント形式で収録しています。針を外して教科ごとに分けて使用します。①片側，②中央のどちらかでとじてありますので，下図を参考に，問題用紙と解答用紙に分けて準備をしましょう（解答用紙がない場合もあります）。

針を外すときは，けがをしないように十分注意してください。また，針を外すと紛失しやすくなりますので気をつけましょう。

① 片側でとじてあるもの

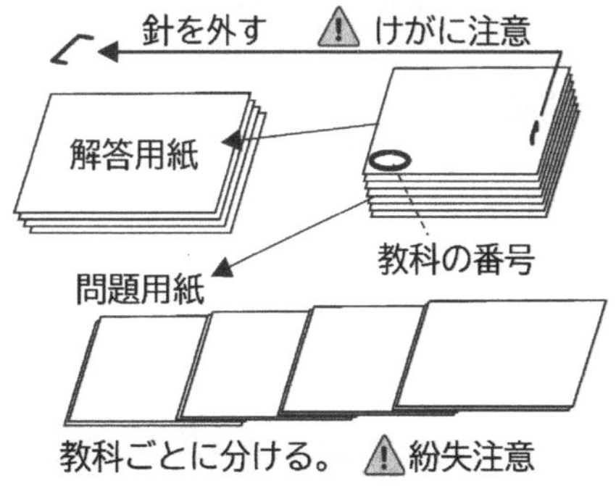

② 中央でとじてあるもの

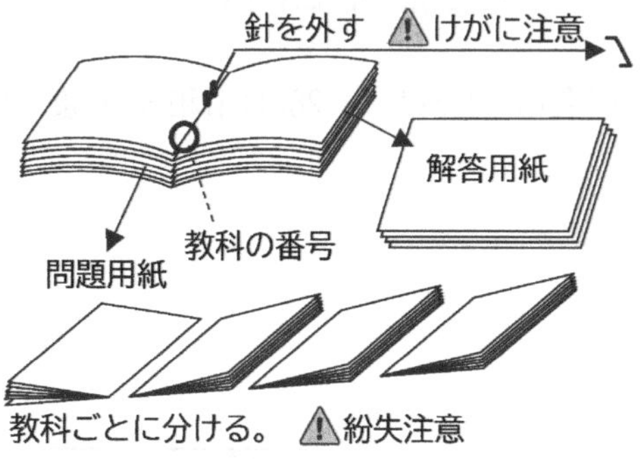

※教科数が上図と異なる場合があります。
解答用紙がない場合や，問題と一体になっている場合があります。
教科の番号は，教科ごとに分けるときの参考にしてください。

■ 最新年度 実物データ

実物をなるべくそのままに編集していますが，収録の都合上，実際の試験問題とは異なる場合があります。実物のサイズ，様式は右表で確認してください。

問題用紙	Ｂ４片面プリント
解答用紙	Ｂ４片面プリント

リアル過去問の活用

～リアル過去問なら入試本番で力を発揮することができる～

本番を体験しよう！

問題用紙の形式（縦向き / 横向き），問題の配置や余白など，実物に近い紙面構成なので本番の臨場感が味わえます。まずはパラパラとめくって眺めてみてください。「これが志望校の入試問題なんだ！」と思えば入試に向けて気持ちが高まることでしょう。

入試を知ろう！

同じ教科の過去数年分の問題紙面を並べて，見比べてみましょう。

① 問題の量

毎年同じ大問数か，年によって違うのか，また全体の問題量はどのくらいか知っておきましょう。どのくらいのスピードで解けば時間内に終わるのか，大問ひとつにかけられる時間を計算してみましょう。

② 出題分野

よく出題されている分野とそうでない分野を見つけましょう。同じような問題が過去にも出題されていることに気がつくはずです。

③ 出題順序

得意な分野が毎年同じ大問番号で出題されていると分かれば，本番で取りこぼさないように先回りして解答することができるでしょう。

④ 解答方法

記述式か選択式か（マークシートか），見ておきましょう。記述式なら，単位まで書く必要があるかどうか，文字数はどのくらいかなど，細かいところまでチェックしておきましょう。計算過程を書く必要があるかどうかも重要です。

⑤ 問題の難易度

必ず正解したい基本問題，条件や指示の読み間違いといったケアレスミスに気をつけたい問題，後回しにしたほうがいい問題などをチェックしておきましょう。

問題を解こう！

志望校の入試傾向をつかんだら，問題を何度も解いていきましょう。ほかにも問題文の独特な言いまわしや，その学校独自の答え方を発見できることもあるでしょう。オリンピックや環境問題など，話題になった出来事を毎年出題する学校だと分かれば，日頃のニュースの見かたも変わってきます。

こうして志望校の入試傾向を知り対策を立てることこそが，過去問を解く最大の理由なのです。

実力を知ろう！

過去問を解くにあたって，得点はそれほど重要ではありません。大切なのは，志望校の過去問演習を通して，苦手な教科，苦手な分野を知ることです。苦手な教科，分野が分かったら，教科書や参考書に戻って重点的に学習する時間をつくりましょう。今の自分の実力を知れば，入試本番までの勉強の道すじが見えてきます。

試験に慣れよう！

入試では時間配分も重要です。本番で時間が足りなくなってあわてないように，リアル過去問で実戦演習をして，時間配分や出題パターンに慣れておきましょう。教科ごとに気持ちを切り替える練習もしておきましょう。

心を整えよう！

入試は誰でも緊張するものです。入試前日になったら，演習をやり尽くしたリアル過去問の表紙を眺めてみましょう。問題の内容を見る必要はもうありません。どんな形式だったかな？受験番号や氏名はどこに書くのかな？…ほんの少し見ておくだけでも，志望校の入試に向けて心の準備が整うことでしょう。

そして入試本番では，見慣れた問題紙面が緊張した心を落ち着かせてくれるはずです。

※まれに入試形式を変更する学校もありますが，条件はほかの受験生も同じです。心を整えてあせらずに問題に取りかかりましょう。

2024 解答例 令和6年度　岐阜聖徳学園大学附属中学校

《国　語》

一　問一．人間の成長　　問二．ロボット　　問三．Ⅰ．プロセスの重要なステップを省略し、時間と労力を節約する　Ⅱ．失望とフラストレーションしか得られなくなる。　　問四．初めて会う人や同僚は、真の人格の成長のレベルに気づくのは難しいから。　　問五．千里の道　　問六．１　　問七．エ

二　問一．故郷の町は　　問二．ボアの付いた紺色のナイロンジャンパーを着た体の大きな男。　　問三．暗くなった　問四．下校時間を過ぎているため、怒られると思ったから。　　問五．ウ　　問六．男が自分に怒ることはないと安心したことで、さかあがりができない悔しさと父親がいない悲しさが胸にあふれてきたから。　　問七．世界が逆さに回った。

問八．〈作文のポイント〉

・最初に自分の主張、立場を明確に決め、その内容に沿って書いていく。

・わかりやすい表現を心がける。自信のない表現や漢字は使わない。

さらにくわしい作文の書き方・作文例はこちら！→https://kyoei-syuppan.net/mobile/files/sakupo.html

三　問一．①りやく　②じきゅう　③きこう　④ほうふ　⑤じょうか　**⑥運輸　⑦預金　⑧燃料　⑨実績　⑩義務**　　問二．［Ⅰ／Ⅱ］　①［ウ／エ］　②［エ／オ］　③［ア／イ］　④［オ／ア］　⑤［イ／ウ］

《算　数》

1　(1)26　(2)$1\frac{2}{7}$　(3)1012　(4)$\frac{13}{80}$

2　(1)16／５番目に大きい約数は…24　(2)9　(3)290　(4)10　(5)20　(6)75

3　(1)12.56　(2)9.12　(3)10.32

4　(1)180　(2)39　(3)5

5　(1)60　(2)5　(3)2400　(4)160

《理　科》

1　１．エ　　２．氷河時代から富士山が噴火していたことが考えられる。　　３．(1)ア　(2)48　　４．(1)水蒸気　(2)26.5　(3)北極の氷がとけることによって海面上昇し，大陸が沈む。／海が蒸発することで雲が増え，異常気象になり，作物が育たない。などから１つ　　５．ア　　６．(1)動脈血　(2)①4.2　②72　　７．イ　　８．250
９．口の中に食べ物が入ると唾液が出る。／光の強さによってひとみの大きさが変わる。などから１つ

2　１．23　　２．エ　　３．ウ　　４．ア　　５．炭酸水
６．息をふきこむ。／赤色リトマス紙につける。などから１つ　　７．E

《社　会》

1　1．A．板垣退助　B．応仁　C．老中　　2．3番目…え　5番目…き　7番目…あ　　3．⑴自由民権運動
⑵直接国税15円以上を納めた満25歳以上の男子という制限　⑶イ
⑷仏教が朝鮮半島から伝わったこと（下線部は仏像を作る技術でもよい）　⑸ア　⑹院政
⑺貴族から武士へと変わった　⑻公地公民　⑼ア→ウ→エ→イ　⑽ウ

2　1．500m　　2．北西　　3．ウ　　4．冷却水として海水が大量に必要だから／石油などの燃料の輸入に有利だから　などから1つ　　5．農業機械が使いやすいように水田を耕地整理で長方形にしている／道路や用水路，排水路を整備している　などから1つ　　6．記号…イ　理由…秋田市は日本海側なので，冬の降水量が多くなるはずだから　　7．［名称／社会の変化］［老人ホーム／高齢化によって高齢者の数が増えたこと］［風車／地球温暖化や資源の減少によって再生可能エネルギーが注目されたこと］［自然災害伝承碑／東日本大震災で過去の自然災害の教訓が注目されたこと］のうち1つ

3　1．平等　　2．イ　　3．イ　　4．岩倉(遣欧)使節団　　5．エ　　6．ものの価値を共通の基準で示すことができる

1 (1)　与式＝30－４＝**26**

(2)　与式$=\frac{5}{3}\times\frac{4}{5}\times\frac{6}{7}\times\frac{9}{8}=\frac{9}{7}=\mathbf{1\frac{2}{7}}$

(3)　与式$=2024\times\frac{1}{4}+2024\times\frac{1}{6}+2024\times\frac{1}{12}=2024\times(\frac{1}{4}+\frac{1}{6}+\frac{1}{12})=2024\times(\frac{3}{12}+\frac{2}{12}+\frac{1}{12})=2024\times\frac{6}{12}=2024\times\frac{1}{2}=\mathbf{1012}$

(4)　与式$=\frac{1}{20}+(\frac{7}{4}-\frac{17}{20})\times\frac{1}{8}=\frac{1}{20}+(\frac{35}{20}-\frac{17}{20})\times\frac{1}{8}=\frac{1}{20}+\frac{18}{20}\times\frac{1}{8}=\frac{1}{20}+\frac{9}{80}=\frac{4}{80}+\frac{9}{80}=\mathbf{\frac{13}{80}}$

2 (1)　積が 120 になるような２つの整数の組を探すと，１と 120，２と 60，３と 40，４と 30，５と 24，６と 20，８と 15，10 と 12，の８組が見つかる。これらの整数はすべて 120 の約数だから，約数の個数は８×２＝**16**(個)あり，５番目に大きい約数は **24** である。

(2)　**【解き方】分子を 21 にそろえて考える。**

$\frac{3}{4}=\frac{21}{28}$，$1\frac{1}{6}=\frac{7}{6}=\frac{21}{18}$である。$\frac{21}{28}$から$\frac{21}{18}$の間にある分数のうち，分子が 21 となるものは，分母が 19 から 27 までの整数となるから，全部で 27－19＋１＝**9**(個)ある。

(3)　**【解き方】ご石の個数から２を引いた数は３と６と８の倍数である。**

ご石の個数から２を引いた個数は３と６と８の最小公倍数 24 の倍数である。24 の倍数のうち，280 より大きく 300 より小さい数は 288 であり，ご石の個数を 288＋２＝**290**(個)とすれば条件に合う。

(4)　**【解き方】図からわかることを式の形で表す。**

この長方形について，縦の長さが横の長さより長いとすると，(縦の長さ)×２＋(横の長さ)＝12，
(縦の長さ)－(横の長さ)＝３だから，(縦の長さ)×２＋(縦の長さ)＝12＋３　(縦の長さ)×３＝15 より，
(縦の長さ)＝15÷３＝５(cm)となる。よって，５－(横の長さ)＝３　(横の長さ)＝５－３＝２(cm)だから，
長方形の面積は５×２＝**10**(cm²)である。

(5)　**【解き方】１辺が上下または左右の点を結んでできる正方形については，正方形の１辺の長さによって場合を分け，左上の頂点の位置が何個あるかを考える。１辺が斜(なな)めにある点を結んでできる正方形については，具体的に個数を数える。**

図１

１辺の長さが３の正方形は１個できる。１辺の長さが２の正方形は図１の実線部分に囲まれた４個の点を左上の頂点としたときにできるから，４個できる。
１辺の長さが１の正方形は図１の点線部分に囲まれた９個の点を左上の頂点としたときにできるから，９個できる。よって，このような正方形は全部で
１＋４＋９＝14(個)できる。また，図２のような正方形が４個，図３のような正方形が２個できるから，４つの点を結んでできる正方形は全部で 14＋４＋２＝**20**(個)ある。

図２

図３

(6)　**【解き方】右図で，三角形ＣＤＥを矢印のように移動させる。このとき，三角形ＣＥＦと三角形ＣＧＦは合同となることを利用する。**

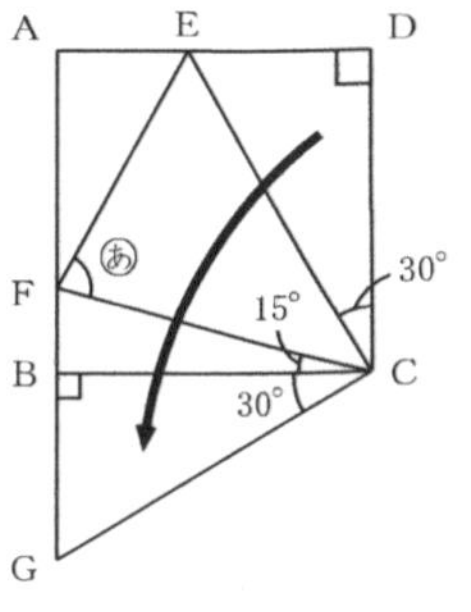

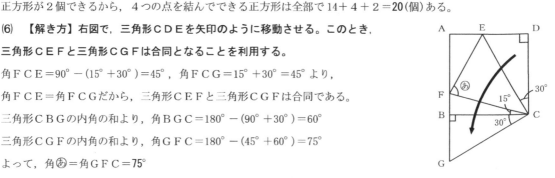

角ＦＣＥ＝90°－(15°＋30°)＝45°，角ＦＣＧ＝15°＋30°＝45°より，
角ＦＣＥ＝角ＦＣＧだから，三角形ＣＥＦと三角形ＣＧＦは合同である。
三角形ＣＢＧの内角の和より，角ＢＧＣ＝180°－(90°＋30°)＝60°
三角形ＣＧＦの内角の和より，角ＧＦＣ＝180°－(45°＋60°)＝75°
よって，角㋐＝角ＧＦＣ＝**75°**

3 (1) 求める面積は，半径２ｍの円の面積だから，２×２×3.14＝**12.56**(㎡)である。

(2) **【解き方】右の「葉っぱ型の図形の面積」を利用する。**

重なって照らされた場所は図ｉの斜線部分である。よって，求める面積は，

(２×２×0.57)×４＝**9.12**(㎡)

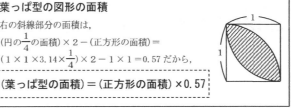

> **葉っぱ型の図形の面積**
>
> 右の斜線部分の面積は，
>
> (円の$\frac{1}{4}$の面積)×２－(正方形の面積)＝
>
> (１×１×3.14×$\frac{1}{4}$)×２－１×１＝0.57 だから，
>
> **(葉っぱ型の面積)＝(正方形の面積)×0.57**
>
> 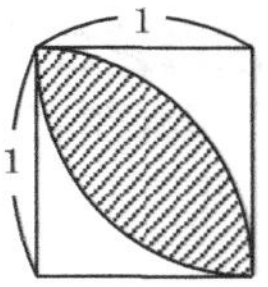
>

図ｉ

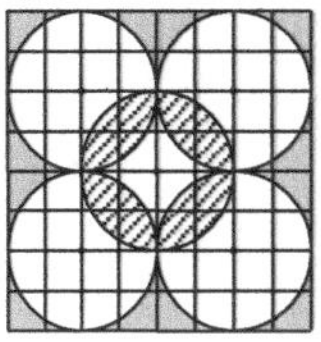

(3) **【解き方】照らすことができない場所は，図ｉの色つき部分である。**

求める面積は１辺の長さが４ｍの正方形の面積から，半径２ｍの円の面積を引いた面積が３つ分だから，(４×４－２×２×3.14)×３＝**10.32**(㎡)である。

4 (1) Ａ，Ｂ，Ｂ，Ａ，Ａ，Ｂの順に入れると，最後に出てきた数字は，

{(３＋３)×３×３＋３＋３}×３＝**180** になる。

(2) **【解き方】３をかけるよりも足す方が，数は小さくなるので，Ｂの箱に入れるのが早いほど数は小さくなる。**

Ａ，Ｂに２回ずつ入れるとき，最も小さい数はＢ，Ｂ，Ａ，Ａの順に入れたときだから，２番目に小さい数はＢ，Ａ，Ｂ，Ａの順に入れたときの(３×３＋３)×３＋３＝**39** である。

(3) **【解き方】27＝３×３×３である。Ｂの箱に入れる回数によって場合分けして考える。**

Ｂの箱に入れるのが２回のとき，３×３×３＝27 となり，１通りある。

Ｂの箱に入れるのが１回のとき，１回目にＢの箱に入れると，３×３＝９より，この後(27－９)÷３＝６(回)だけＡの箱に入れればよい。２回目にＢの箱に入れると(３＋３)×３＝18 より，この後(27－18)÷３＝３(回)だけＡの箱に入れればよい。３回目にＢの箱に入れると，(３＋３＋３)×３＝27 となる。

Ｂの箱に入れるのが０回のとき，(27－３)÷３＝８(回)だけＡの箱に入れればよい。

以上より，箱の入れ方は全部で**５**通りある。

5 (1) **【解き方】夢見さんが出発してから５分後までは，２人の間の道のりが広がっていくから夢見さんだけが図書館に向かって歩いている。**

夢見さんは 300ｍを５分間で歩いたから，夢見さんの速さは，300÷５＝60 より，分速 **60**ｍである。

(2) **【解き方】夢見さんが出発してから５分後から 15 分後までは２人の間の道のりがちぢまっていくので，２人とも図書館に向かって歩いている。**

15 分後から 20 分後までは２人の間の道のりが広がっていくので，学さんが立ち止まっている。よって，学さんが立ち止まっている時間は 20－15＝**５**(分間)である。

(3) **【解き方】夢見さんが出発してから 40 分後に２人の間の道のりが０ｍになったので，図書館に着いた。**

夢見さんが歩いた道のりは，60×40＝**2400**(ｍ)であり，これが家から図書館までの道のりである。

(4) **【解き方】夢見さんが出発してから 25 分後に，学さんは家に着いた。**

学さんは 2400ｍの道のりを 40－25＝15(分間)で走ったから，学さんの走る速さは，2400÷15＝160 より，

分速 **160**ｍである。

なお，確認のため，忘れ物をとりに家に向かって走る速さを求める。２人が反対方向に進むとき，２人の間の道のりは 25－20＝５(分間)で 1500－400＝1100(ｍ)だけ広がったから，１分間に 1100÷５＝220(ｍ)だけ広がる。

よって，学さんは１分間に 220－60＝160(ｍ)走るので，確かに速さは分速 160ｍとなる。

2023 解答例 令和５年度　岐阜聖徳学園大学附属中学校

《国　語》

一 問一．前近代の建物のほとんどが木で造られており、歴史の中で身近な生活道具から美術工芸品に至るまで、木を扱う知識と技術を習得してきたから。　問二．A．ウ　B．イ　C．エ　問三．イ　問四．ア，イ，エ
問五．い．木　う．石　問六．Ⅰ．軽くて丈夫でさらに加工しやすい木材は建材として重宝されたから。
Ⅱ．日本では、木目の美しさや温もりなどを生かしているのに対して、西洋では木を用いながらも石造のように見せるなど、独特の嗜好性を示している。　問七．(例文)先日、あるお店で服を購入した時、服のタグを留めるピンがプラスチックから紙のひもに変更されていました。プラスチックゴミが減少することは水質汚染等を防止する効果があると考えられます。

二 問一．今日が何日　問二．そう思って　問三．お母さんとミキちゃんにあまり長く話をさせたくなかったから。
〔別解〕お母さんが言わなくてもいいことを言いそうな気がしたから。　問四．ウ　問五．ミキちゃんが学校でいじめられていること／宇佐子が学校へいけない理由／保護者会で話題になったミキちゃんのこと　などから一つ
問六．ア　問七．Ⅰ．そのあたり一帯の地形が手に取るように眺められる場所。　Ⅱ．ア，イ

三 問一．①げねつ　②いさぎよ　③かつあい　④のうり　⑤うちょうてん　⑥展示　⑦素質　⑧起因　⑨招待
⑩複雑　問二．①青天白日　②付和雷同　③千変万化　④三寒四温　⑤不言実行

《算　数》

1 (1)30　(2)47　(3)121　(4)$\frac{4}{9}$

2 (1)62　(2)3　(3)午後／4，0　(4)40　(5)376.8　(6)12

3 (1)3　(2)12　(3)21.6　(4)1，$6\frac{1}{3}$

4 (1)1500　(2)1350　(3)40

5 (1)7　(2)252　(3)14

《理　科》

1　1．(1)二酸化炭素　(2)方法…気体を石灰水に通す。　結果…石灰水が白くにごる。　(3)イ　2．A．光合成
B．呼吸　3．食物連鎖〔別解〕食物網　4．(1)温度の低い海水は重くなるので沈みやすくなる。　(2)北大西洋や南極海で氷ができるときにまわりの海水の塩分が濃くなり，重くなって沈みやすくなる。　5．エ
6．イ　7．イ　8．エ　9．ウ　10．(1)光合成で吸収した二酸化炭素を使って燃料をつくっているので，燃やしても元に戻るだけだから。　(2)約85%が化石燃料で発電した電気なので，それを使って電気自動車を走らせても化石燃料の消費による二酸化炭素の増加を抑えられるとは考えられない。

2　1．断層　2．①イ　②ア〔別解〕イ　③オ　④イ　⑤ウ　3．ウ　4．ウ，エ　5．ウ　6．(1)360
(2)6

《社　会》

1　1．A．楽市楽座　B．伊能忠敬　C．推古　　2．き→あ→い→か→お→え→う　　3．⑴エ　⑵遣唐使が廃止され，中国の文化の影響が薄れたから。　⑶エ→オ→イ→カ　⑷ウ，オ　⑸増税など国民の負担が大きく，多くの戦死者を出したのに，賠償金を得られなかったから。　⑹(例文)日本にとってアメリカは重要な戦費の調達先だった。　⑺文明開化　⑻イ　⑼エ　⑽ウ　⑾イ

2　1．県名…香川県　雨温図…イ　　2．⑴産業／空洞化　⑵エ　⑶イ　　3．ア　　4．エ　　5．ア　　6．ウ　7．⑴イ　⑵(例文)働く人が増えて税収が増える効果。　　8．A．カルデラ　B．(有機)水銀　　9．北海道地方と関東地方

1 (1) 与式＝36－6＝30

(2) 与式＝60－52÷(9－5)＝60－52÷4＝60－13＝47

(3) 与式＝5×5×11×11－4×4×11×11－3×3×11×11＋11×11＝(25－16－9＋1)×11×11＝11×11＝121

(4) 与式＝$\frac{37}{15}\div(\frac{5}{4}-\frac{6}{10})\div\frac{111}{13}=\frac{37}{15}\div(\frac{25}{20}-\frac{12}{20})\times\frac{13}{111}=\frac{37}{15}\div\frac{13}{20}\times\frac{13}{111}=\frac{37}{15}\times\frac{20}{13}\times\frac{13}{111}=\frac{4}{9}$

2 (1) **【解き方】6㎝のリボン15本を2㎝ののりしろでつなぐと右図のようになる。はじめの1本は6㎝で，2本目からはのりしろの2㎝だけ短くなるので，6－2＝4(㎝)ずつ長さが増える。**

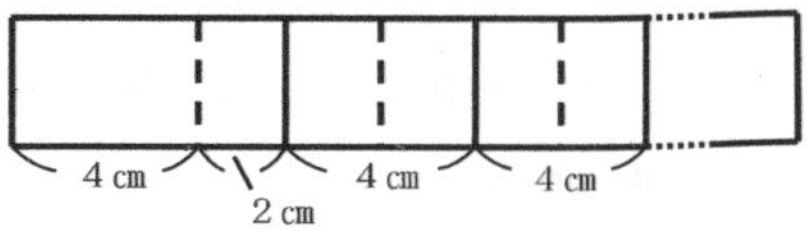

求める長さは，6＋4×(15－1)＝62(㎝)となる。

(2) $\frac{□}{5}-\frac{9}{20}=\frac{□}{20}$　$\frac{4\times□-9}{20}=\frac{□}{20}$　4×□－9＝□　4×□－□＝9　3×□＝9　□＝9÷3＝3

(3) **【解き方】次に同時に鳴るのは，45分と50分の最小公倍数の時間がたったときである。**

2つの数の最小公倍数を求めるときは，右の筆算のように割り切れる数で次々に割っていき，割った数と割られた結果残った数をすべてかけあわせればよい。よって，45と50の最小公倍数は，5×9×10＝450となる。450÷60＝7余り30より，450分後＝7時間30分後だから，求める時刻は，午後4時0分となる。

5) 45　50
　　 9　10

(4) **【解き方】ACとDFは平行だから，三角形EDFと三角形CDFの面積は等しいので，斜線(しゃせん)部分は右図のように変形できる。**

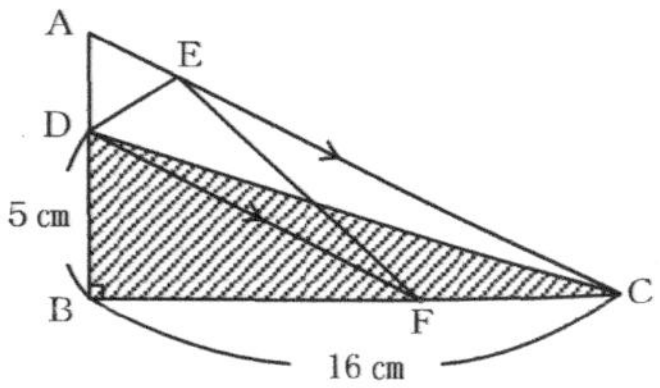

斜線部分の面積は三角形DBCの面積だから，5×16÷2＝40(㎠)

(5) **【解き方】この立体を真上と真下から見たときに見える面の面積は等しく，大きい円柱の底面積である。これ以外の表面積は，大きい円柱の側面積と，小さい円柱の側面積である。柱体の側面積は，(底面の周の長さ)×(高さ)で求められる。**

大きい円柱の底面積は，4×4×3.14＝16×3.14(㎠)　大きい円柱の側面積は，(4×2×3.14)×8＝64×3.14(㎠)

小さい円柱の側面積は，(2×2×3.14)×6＝24×3.14(㎠)

よって，求める表面積は，(16×3.14)×2＋64×3.14＋24×3.14＝(32＋64＋24)×3.14＝120×3.14＝376.8(㎠)

(6) **【解き方】(イ)の色を先に考える。**

(イ)の色の決め方は3通りある。その3通りそれぞれに対して，①(ア)と(ウ)を同じ色でぬる方法，②(ア)と(ウ)を別の色でぬる方法，がある。①の場合，残りの2色のどちらを使うかで2通りとなる。②の場合，残りの2色を(ア)と(ウ)どちらにぬるかで2通りとなる。よってぬり方の数は，3×2＋3×2＝12(通り)となる。

3 (1) **【解き方】3秒のときグラフの傾(かたむ)きかたが変わっている(グラフが折れている)ので，Pは3秒後にCの位置にあるとわかる。**

Pの速さは，9÷3＝3より，秒速3㎝となる。

図1

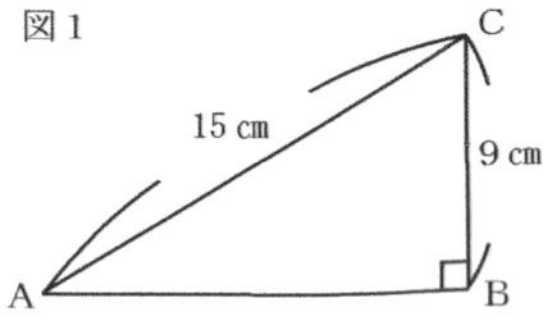

(2) **【解き方】三角形ABCは図1のようになる。3秒後にPはC上にあり，このとき三角形ABPと三角形ABCの面積が等しく54㎠だとわかる。**

底辺をABとすると高さはBC＝9㎝だから，AB＝54×2÷9＝12(㎝)

(3) **【解き方】Pが出発して6秒後，Pは6×3＝18(㎝)進んでいる。よって，Pは図2の位置にある。**

図2

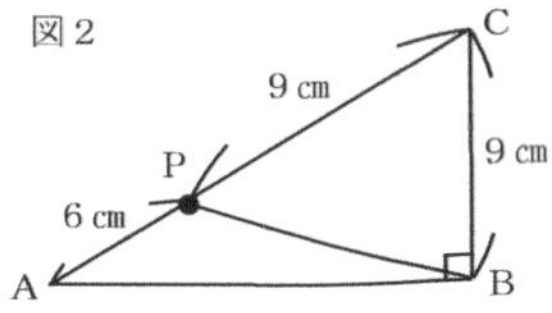

図2で，三角形ABPと三角形ABCは，底辺をそれぞれAP，ACとしたときの高さが等しいから，面積の比はAP：AC＝6：15＝2：5となる。よって，三角形ABPの面積は，(三角形ABCの面積)×$\frac{2}{5}$＝54×$\frac{2}{5}$＝21.6(㎠)

(4) **【解き方】三角形ＡＢＰの面積が三角形ＡＢＣの面積の$\frac{1}{3}$となる１回目は，ＰがＢＣ上にあってＢＰ：ＢＣ＝１：３のときであり，２回目は，ＰがＡＣ上にあって，ＡＰ：ＡＣ＝１：３のときである。**

ＰがＣまで進むのに３秒かかるから，その$\frac{1}{3}$進むのにかかる時間は$3\times\frac{1}{3}=1$（秒）であり，これが１つ目の求める時間である。

ＰがＡＣ上にあってＡＰ：ＡＣ＝１：３となるとき，ＰはＣからＡＣの長さの$1-\frac{1}{3}=\frac{2}{3}$だけ進んでいる。

ＰがＣからＡまで進むのに$15\div3=5$（秒）かかるから，その$\frac{2}{3}$進むのにかかる時間は$5\times\frac{2}{3}=\frac{10}{3}$（秒）である。

よって，２つ目の求める時間は，$3+\frac{10}{3}=6\frac{1}{3}$（秒後）

4 (1) **【解き方】５割増しは，元の金額の１＋0.5＝1.5（倍）の金額となる。**

この商品の定価は，原価1000円の1.5倍の金額だから，1000×1.5＝1500（円）

(2) **【解き方】10％引きは，元の金額の１－0.1＝0.9（倍）の金額となる。**

定価は1500円だから10％引きの金額は，1500×0.9＝1350（円）

(3) **【解き方】定価の１個あたりの利益は1500－1000＝500（円），定価の10％引きの１個あたりの利益は1350－1000＝350（円）である。したがって，最後の値引きをする前の１個あたりの利益の合計は，500×20＋350×40＝24000（円）である。**

最後の値引きをする前，１個あたりの利益の合計が24000円で，最終的な利益より24000－20000＝4000（円）多い。

したがって，最後の値引きをして売った100－20－40＝40（個）の商品は，１個あたり4000÷40＝100（円）の損失を出している。よって，売り値は1000－100＝900（円）だから，定価から1500－900＝600（円）値引きした。これは定価の$\frac{600}{1500}\times100=40$（％）引きである。

5 (1) **【解き方】左から２番目の数は，２段目が１，３段目が２，４段目が３，５段目が４，…となっているので，ｎ段目ではｎ－１となると考えられる。**

８段目の左から２番目の数は，８－１＝７となる。

(2) **【解き方】まず数の並びの規則性を考える。図１のように，ある数は，その次の段で左下と右下に進み，同じ場所に進んだ数の和が書かれている。したがって，11段目の真ん中の数を知るためには，図２で点線で囲んだ場所にある数がわかればよい。**

図２で点線で囲んだ場所にある数を計算すると，図３のようになる。

よって，11段目の真ん中の数は252である。

図１

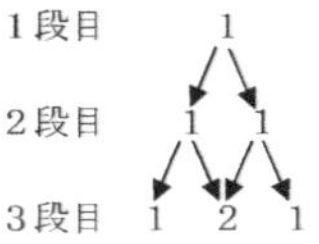

図２

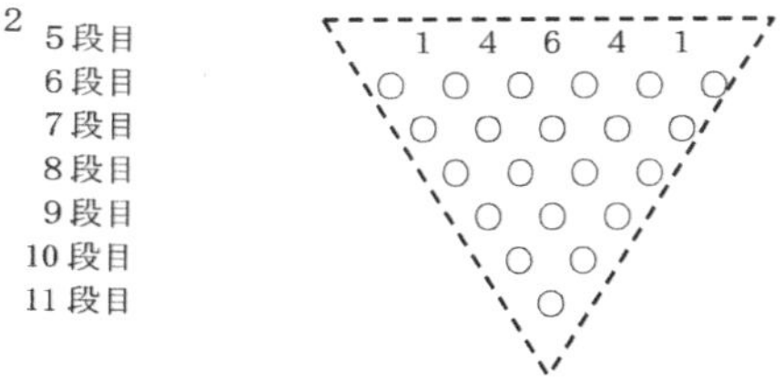

図３

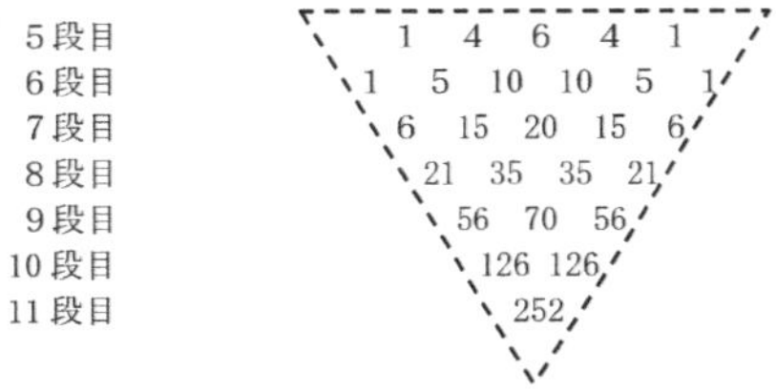

(3) **【解き方】図１より，ある段の数の和は，その上の段の数の和の２倍になっている。**

１段目の数の和が１だから，２段目以降の数の和は順に，１×２＝２，２×２＝４，４×２＝８，８×２＝16，16×２＝32，32×２＝64，64×２＝128，128×２＝256，256×２＝512，512×２＝1024，1024×２＝2048，2048×２＝4096，4096×２＝8192となる。よって，8192は14段目の数の和である。

岐阜聖徳学園大学附属中学校

《国　語》

一　問一．成熟して大人になったサケたち　　問二．イ　　問三．河口　　問四．餌を求める捕食者たちが汽水域に侵出してくるため、弱い魚は川へ向かって生息地を見つけたから。　　問五．Ⅰ．川に遡上して卵を産んだ後、自らは死んでいくから。　Ⅱ．成人の儀式を祝う鮮やかな民族衣装　　問六．海は天敵が多く、危険な場所であるため、無防備な卵を海にばらまけば魚の餌食になり、生存率が下がるから。　　問七．Ｂ．死　Ｃ．生

二　問一．やかましい家族から離れて、ぼくらだけの世界にひたれる　　問二．章くんには聞かれたくないふたりだけのないしょの話をするため。　　問三．気ままというかわがままというか、とにかくマイペースな男の子

問四．章くんに逆らったり、章くんよりデキるところを見せたりしたら、もうこの別荘には呼ばれなくなること。

問五．章くんにきらわれて、別荘に呼ばれなくなり、みんなと遊べなくなるのがいやだから。　　問六．ウ

問七．ア，イ，ウ

問八．〈作文のポイント〉

・最初に自分の主張、立場を明確に決め、その内容に沿って書いていく。

・わかりやすい表現を心がける。自信のない表現や漢字は使わない。

さらにくわしい作文の書き方・作文例はこちら！→

https://kyoei-syuppan.net/mobile/files/sakupo.html

三　問一．①こうい　②けんあく　③えんせん　④おごそ　⑤かな　⑥探査　⑦専念　⑧発揮　⑨孝行　⑩収集

問二．［Ａ群／Ｂ群］　①［イ／コ］　②［ア／ケ］　③［オ／キ］　④［ウ／ク］　⑤［エ／カ］

《算　数》

1　(1)5　(2)0　(3)14　(4)$2\frac{2}{3}$

2　(1)600　(2)10　(3)106　(4)14　(5)30

3　(1)250　(2)2750　(3)5.5

4　(1)20.56　(2)41.12

5　(1)210　(2)黒色のご石…1024　白色のご石…998

6　(1)24　(2)24　(3)8　(4)$\frac{1}{17}$

《理　科》

1　1．Ａ．窒素　Ｂ．酸素　Ｃ．二酸化炭素　Ｊ．水素　　2．光合成　　3．1.28　　4．Ｅ．100　Ｈ．０

5．Ｆ．低　Ｇ．高　Ｉ．低　　6．約862　　7．①水面　②水中　　8．ウ　　9．ウ

2　1．9.0　　2．19.0　　3．右グラフ　関係…おもりの数が２倍になると，ばねののびも２倍になる。〔別解〕比例する。　　4．16　　5．イ，カ　　6．２

7．10　　8．(1)4　(2)19　　9．①ばねＡ　②５

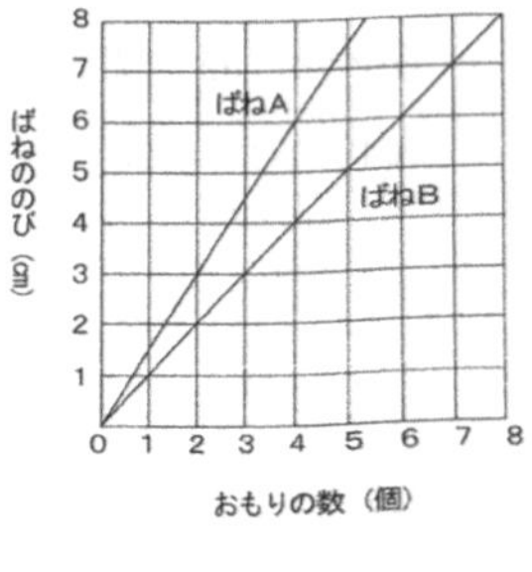

《社　会》

1　1．(A)聖徳太子　(B)田沼意次　(C)伊藤博文　2．3番目…あ　5番目…お　7番目…き　3．(1)①摂政 ②関白　(2)ウ　(3)桜田門外　(4)天皇を敬うという尊王と外国勢力を打ち払う攘夷が結び付いた運動。　(5)イ　(6)遣隋使　(7)実力のある家臣が，目上の者をたおして支配者となる風潮。　(8)ア　(9)ア，ウ　(10)寛政の改革は，倹約令を出すなど人々を厳しく統制したため，反感を買ったから。　(11)天武　(12)①天皇　②国民　(13)イ

2　1．(1)(A)白神　(B)奥羽　(2)エ　(3)日本人の食べ物が多様化し，米以外も食べるようになったから。　2．イ　3．エ　4．アイヌ　5．徳島県　6．ウ

3　1．ウ　2．(14の例文)レジ袋の有料化によって使用枚数を減らすことが，ゴミとして海に流れ込む量を減らし，きれいな海を守ることにつながる。

1 (1) 与式$=20-5\times\frac{1}{3}\times9=20-15=5$

(2) 与式$=45-5\times9=45-45=0$

(3) 与式$=0.35\times12+0.35\times10\times4.8-0.35\times100\times0.2=0.35\times(12+48-20)=0.35\times40=14$

(4) 与式$=2\frac{3}{4}-\frac{5}{24}\times(\frac{1}{5}+\frac{1}{5})=2\frac{3}{4}-\frac{5}{24}\times\frac{2}{5}=2\frac{9}{12}-\frac{1}{12}=2\frac{8}{12}=2\frac{2}{3}$

2 (1) 時速 72 ㎞＝秒速$\frac{72\times1000}{60\times60}$m＝秒速 20mだから，30 秒間で$20\times30=600$(m)進む。

(2) (国，算，理)(国，算，社)(国，算，英)(国，理，社)(国，理，英)(国，社，英)(算，理，社)(算，理，英)(算，社，英)(理，社，英)の 10 通りある。

(3) **【解き方】多角形の外角の和は 360°であることを利用する。**

正五角形と正六角形の１つの外角の大きさはそれぞれ $360°\div5=72°$，$360°\div6=60°$

よって，五角形の外角の和より，角㋐$=360°-62°-60°-60°-72°=106°$

(4) **【解き方】バス通学者，自転車通学者の人数はともに整数となるので，生徒全体の人数は７と 13 の最小公倍数である $7\times13=91$ の倍数となる。**

生徒全体の人数を⑨①とすると，バスの通学者は⑨①$\times\frac{3}{7}=$③⑨となる。これが 50 人より少ないのだから，①は１人を表すとわかる。よって，生徒全体の人数は 91 人だから，自転車通学者は，$91\times\frac{2}{13}=14$(人)

(5) 右図のように線をひき，２つの三角形にわけて考えると，求める面積は，

$4\times12\div2+3\times4\div2=30$(㎠)

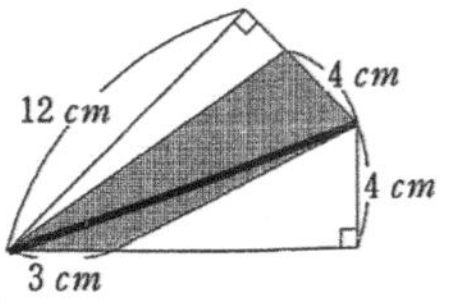

3 (1) 自転車は７分で 1750m進むから，求める速さは，分速$(1750\div7)$m＝分速 250m

(2) 自転車(分速 250m)に乗っていた時間は 10 分，時速３㎞＝分速$\frac{3\times1000}{60}$m＝分速 50m で歩いた時間は$17-12=5$(分)だから，自宅から図書館までの道のりは，$250\times10+50\times5=2750$(m)

(3) 自宅と図書館の中間地点は，自宅から$2750\div2=1375$(m)進んだ地点だから，自転車に乗っている間に通過していることがわかる。よって，求める時間は，$1375\div250=5.5$(分後)

4 **【解き方】円の中心が通ったあとは右図の太線部分，円が通ったあとは右図の色付き部分である。**

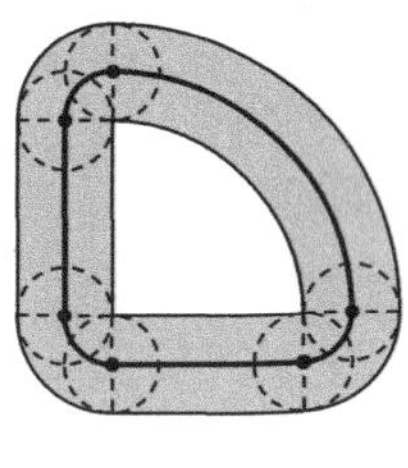

(1) 求める長さは，４㎝の直線２本の長さと，半径１㎝，中心角 90°のおうぎ形の曲線部分の長さの３倍と，半径$4+1=5$(㎝)，中心角 90°のおうぎ形の長さの和だから，

$4\times2+1\times2\times3.14\times\frac{90°}{360°}\times3+5\times2\times3.14\times\frac{90°}{360°}=8+(\frac{3}{2}+\frac{5}{2})\times3.14=$

$8+4\times3.14=8+12.56=20.56$(㎝)

(2) 求める面積は，たて$1\times2=2$(㎝)，横４㎝の長方形の面積の２倍と，半径２㎝，中心角 90°のおうぎ形の面積の３倍と，半径$4+2=6$(㎝)，中心角 90°のおうぎ形から半径４㎝，中心角 90°のおうぎ形を取り除いた図形の面積の和だから，$2\times4\times2+2\times2\times3.14\times\frac{90°}{360°}\times3+6\times6\times3.14\times\frac{90°}{360°}-4\times4\times3.14\times\frac{90°}{360°}=$

$16+(3+9-4)\times3.14=16+8\times3.14=16+25.12=41.12$(㎠)

5 **【解き方】１からnまでの連続する整数の和は$\frac{(n+1)\times n}{2}$となることを利用する。**

(1) 求める個数は，$1+2+3+\cdots+20=\frac{(20+1)\times20}{2}=210$(個)

(2) $\frac{(n+1)\times n}{2}$が 2022 に近い値となるnを考える。$(n+1)\times n$が$2022\times2=4044$に近い数となるので，$65\times64=4160$，$64\times63=4032$より，$n=63$のとき，$1+2+3+\cdots+63=\frac{(63+1)\times63}{2}=2016$となる。

よって，ご石が2022個並ぶとき，黒色と白色のご石は交互に1個，2個，3個，…62個，63個，2022－2016＝6(個)と並ぶから，白色のご石は，2＋4＋6＋…＋62＋6＝2×(1＋2＋3＋…＋31)＋6＝$2\times\frac{(31+1)\times31}{2}$＋6＝998(個)，黒色のご石は，2022－998＝1024(個)

6 (1) 百の位の数は1～4の4通り，十の位の数は百の位の数を除く3通り，一の位の数は百と十の位の数を除く2通りあるから，3けたの数は全部で4×3×2＝24(通り)ある。

(2) 約分はしないので，分母の十の位の数→分母の一の位の数→分子の数，の順に数字を決めると，(1)と同様に全部で24通りあるとわかる。

(3) **【解き方】分子の数で場合わけをして考える。**

約分するので，分子の数は2以上である。分子の数が2のとき，約分できる分母の数は偶数(ぐうすう)(2の倍数)だから，14と34の2通りある。分子の数が3のとき，約分できる分母の数は3の倍数だから，12と21と24と42の4通りある。分子の数が4のとき，約分できる分母の数が偶数だから，12と32の2通りある。

よって，約分できる分数は全部で，2＋4＋2＝8(通り)

(4) 分子が2，3，4の約分できる分数のうち，もっとも小さい数はそれぞれ，$\frac{2}{34}=\frac{1}{17}$，$\frac{3}{42}=\frac{1}{14}$，$\frac{4}{32}=\frac{1}{8}$だから，求める分数は$\frac{1}{17}$である。

岐阜聖徳学園大学附属中学校

《国　語》

一 問一．ウ　問二．つながり　問三．人類がずっと昔から人と関わりながら生きてきた　問四．一つ目…存在の輪郭を強化する働き　二つ目…輪郭が溶けるような働き　問五．人間関係のなかではじめてＡやＢであることができる　問六．だれもがつながる　問七．読み方…いちもくりょうぜん　記号…イ　問八．①「貧しい」　②「貧しさ」

二 問一．太陽が欠けると、その投影も欠ける　問二．四十六年ぶりの皆既日食が観察できなかったのに、先輩の過去の観察の様子を読まされたことへの腹立たしさから。　問三．実際に自分の目で見なくても、心に残る風景があることを知っていたから。　問四．いまの野川の　問五．１．自然の状態　２．(例文)十五年前に河井が見たひとつ、ふたつのたよりない光ではなく、蛇行する野川の川面を明るく照らし出すような大変多くのホタルが飛び交っていた。

三 ①製　②性　③精　④政　⑤制

四 ①耕す　②破れる　③過ぎる　④余った　⑤確かめる

五 ［語句／記号］①［あん／ア］　②［たい／ウ］　③［はな／オ］　④［おに／エ］　⑤［みやこ／イ］

《算　数》

1 (1)14　(2)6　(3)2.12　(4)1

2 (1)155　(2)18　(3)4　(4)23　(5)15　(6)12

3 (1)算数，24　(2)71

4 (1)三角形ＡＢＰ…72　三角形ＡＢＱ…144　(2)8

5 (1)60　(2)90

6 (1)24000　(2)35　(3)$28\frac{4}{7}$

《理　科》

1 １．炭素　２．金属かどうか　３．イ　４．イ　５．名称…アルミニウム　様子…沈む

2 １．まっすぐ　２．１枚の時より明るい〔別解〕１枚の時より温度が高い　３．エ　４．Ｂ．小さくなる　Ｃ．低い　５．秒速 340m　６．2.94 秒　７．花火が光るのが見えてから，遅れて花火の音が聞こえる。

3 １．一等星〔別解〕一等級　２．星座　３．わし座　４．イ　５．Ｆ．エ　Ｇ．イ　６．イ　７．エ　８．ウ

4 １．支える〔別解〕保護する　２．かんせつ　３．Ｃ．ちぢみ　Ｄ．ゆるみます

《社　会》

1　1．(A)聖徳太子　(B)源頼朝　(C)織田信長　　2．3番目…き　5番目…い　7番目…お　　3．⑴イ　⑵エ　⑶島原・天草一揆〔別解〕島原の乱　⑷中国とオランダは，キリスト教の布教を行わなかったため。　⑸ウ　⑹身分や家柄にとらわれず，優れた人物を役人に取り立てるため。　⑺執権　⑻エ　⑼座の特権を廃止し，経済を発展させる政策。　⑽ウ　⑾ウ　⑿①六波羅探題　②朝廷の監視〔別解〕都の警備

2　1．⑦　　2．知床半島　　3．やませ　　4．ア　　5．エ　　6．フォッサマグナ　　7．エ　8．阪神・淡路大震災　　9．福岡市　　10．イ　根拠…温暖で，夏から秋の降水量が多い　　11．温泉や雄大な景観を生かし，観光資源として活用すること。〔別解〕地熱発電として活用すること。

3　1．マスメディア　　2．ウ　　3．(通常郵便物は，)電子メールが増えた(ことにより)減って(いる。)　(荷物は，)ネットショッピングが普及した(ことにより)増えて(いる。)

1 (1) 与式＝20－12÷２＝20－６＝14

(2) 与式＝$\frac{11}{6}$×６＋$\frac{1}{2}$×６＋$\frac{2}{3}$×６－２×６＝11＋３＋４－12＝６

(3) 与式＝11.68×0.25－0.8＝2.92－0.8＝2.12

(4) 与式＝$\frac{23}{12}$÷($\frac{11}{5}$－$\frac{2}{3}$)×$\frac{4}{5}$＝$\frac{23}{12}$÷($\frac{33}{15}$－$\frac{10}{15}$)×$\frac{4}{5}$＝$\frac{23}{12}$÷$\frac{23}{15}$×$\frac{4}{5}$＝$\frac{23}{12}$×$\frac{15}{23}$×$\frac{4}{5}$＝１

2 (1) 平行線の錯(さっかく)角は等しいから，角ａ＝85°　角ｂ＝180°－85°＝95°　角ｃ＝60°

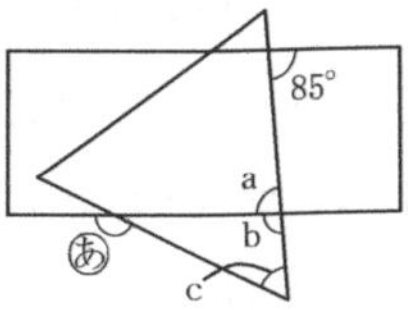

三角形の１つの外角は，これととなりあわない２つの内角の和に等しいから，

角㋐＝95°＋60°＝155°

(2) **【解き方】正方形(ひし形)の面積は，(対角線)×(対角線)÷２で求められる。**

ひし形ＡＢＣＤの面積は６×12÷２＝36(㎠)，正方形ＡＥＣＦの面積は６×６÷２＝18(㎠)だから，色のついた部分の面積は，36－18＝18(㎠)

(3) **【解き方】全体の仕事の量を６と12の最小公倍数である12とすると，１人の１日あたりの仕事の量は，学くんが12÷６＝２，夢見ちゃんが12÷12＝１となる。**

２人の１日あたりの仕事の量の合計は２＋１＝３だから，求める日数は，12÷３＝４(日間)

(4) **【解き方】つるかめ算を利用する。**

30問全問正解すると，得点は10×30＝300(点)となり，実際よりも300－195＝105(点)高い。ここから，１問まちがえるごとに10＋５＝15(点)低くなるから，まちがえたのは105÷15＝７(問)，正解したのは30－７＝23(問)

(5) **【解き方】何年後も，㋐両親の年れいの和と㋑子ども２人の年れいの和の差は変わらないことを利用する。**

現在，㋐と㋑の差は，(38＋42)－(11＋14)＝55(才)

㋐が㋑の２倍になるとき，㋐と㋑の比は２：１となり，この比の差の２－１＝１が55才にあたるので，このときの㋑は55才にあたる。現在と比べて，㋑は55－(11＋14)＝30(才)大きいから，求める年数は，30÷２＝15(年後)

(6) **【解き方】金額(きんがく)が大きい硬貨(こうか)から，使う枚数で場合わけをしていく。100円玉と50円玉の使う枚数が決まれば，10円玉を使う枚数が１つに決まる。**

100円玉を２枚使うときの組み合わせは，残りの250－100×２＝50(円)を50円玉１枚か０枚使ってはらう場合があるから，２通りある。100円玉を１枚使うときの組み合わせは，残りの250－100＝150(円)を50円玉０～３枚使ってはらう場合があるから，４通りある。100円玉を０枚使うときの組み合わせは，残りの250円を50円玉０～５枚使ってはらう場合があるから，６通りある。よって，硬貨の組み合わせは全部で，２＋４＋６＝12(通り)

3 (1) (合計)＝(平均)×(教科数)だから，算数と理科と社会の合計点は87×３＝261(点)，国語と理科と社会の合計点は79×３＝237(点)である。よって，算数が261－237＝24(点)高い。

(2) 理科と社会の合計点は83×２＝166(点)だから，国語の点数は，237－166＝71(点)

4 (1) ３秒後，ＰはＡから２×３＝６(㎝)進むから，ＡＰ＝６㎝より，三角形ＡＢＰの面積は，24×６÷２＝72(㎠)

ＱはＢから４×３＝12(㎝)進むから，ＢＱ＝12㎝より，三角形ＡＢＱの面積は，24×12÷２＝144(㎠)

(2) **【解き方】三角形ＡＢＰと三角形ＡＢＱは，底辺をＡＢとすると高さがそれぞれＡＰ，ＢＱとなるので，最初に面積が等しくなるのは，右図の矢印のようにＰとＱが移動して，ＡＰ＝ＢＱとなるときである。**

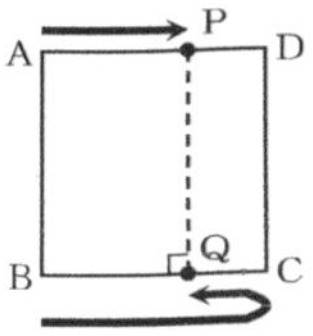

最初にＡＰ＝ＢＱとなるとき，ＰとＱは合わせて24×２＝48(㎝)進んでいる。

ＰとＱが同じ時間で進む道のりの比は速さの比に等しく２：４＝１：２だから，

Pはこの間に $48\times\frac{1}{1+2}=16$(cm)進んでいる。よって，求める時間は，16÷2＝8(秒後)

5 (1) 正五角形12枚と正六角形20枚の頂点の数の合計は，5×12＋6×20＝180(個)

図を見ると，正五角形と正六角形の頂点が合わせて3つずつ重なっているので，頂点の数は，180÷3＝60(個)

(2) 正五角形12枚と正六角形20枚の辺の数の合計は，5×12＋6×20＝180(本)

図を見ると，正五角形と正六角形の辺が合わせて2本ずつ重なっているので，辺の数は，180÷2＝90(本)

6 (1) BをAの底面から10cm上までしずめると，50－10＝40より，BはすべてAの水の中にちょうど入る。

よって，あふれ出た水の量はBの容積に等しく，30×20×40＝600×40＝24000(cm³)

(2) **【解き方】(1)からBをAの底面までしずめたときに正面から見える図について，右図のように作図する(太線はBの側面)。アとイの部分(Bの外部)には水が入っているから，ウ(Bの内部)にエの部分の水が入ってくる。**

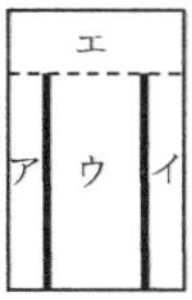

エの部分の水は35×60×(50－40)＝2100×10＝21000(cm³)で，Bの容積である24000cm³より少ないので，エの部分にあった水はすべてBに入る。よって，求める深さは，21000÷600＝35(cm)

(3) Aに残る水は最初より24000＋21000＝45000(cm³)減っているので，水の深さは $45000\div2100=\frac{150}{7}$(cm)減る。

よって，求める深さは，$50-\frac{150}{7}=\frac{200}{7}=28\frac{4}{7}$(cm)

■ ご使用にあたってのお願い・ご注意

（1）問題文等の非掲載

著作権上の都合により，問題文や図表などの一部を掲載できない場合があります。

誠に申し訳ございませんが，ご了承くださいますようお願いいたします。

（2）過去問における時事性

過去問題集は，学習指導要領の改訂や社会状況の変化，新たな発見などにより，現在とは異なる表記や解説になっている場合があります。過去問の特性上，出題当時のままで出版していますので，あらかじめご了承ください。

（3）配点

学校等から配点が公表されている場合は，記載しています。公表されていない場合は，記載していません。

独自の予想配点は，出題者の意図と異なる場合があり，お客様が学習するうえで誤った判断をしてしまう恐れがあるため記載していません。

（4）無断複製等の禁止

購入された個人のお客様が，ご家庭でご自身またはご家族の学習のためにコピーをすることは可能ですが，それ以外の目的でコピー，スキャン，転載（ブログ，ＳＮＳなどでの公開を含みます）などをすることは法律により禁止されています。学校や学習塾などで，児童生徒のためにコピーをして使用することも法律により禁止されています。

ご不明な点や，違法な疑いのある行為を確認された場合は，弊社までご連絡ください。

（5）けがに注意

この問題集は針を外して使用します。針を外すときは，けがをしないように注意してください。また，表紙カバーや問題用紙の端で手指を傷つけないように十分注意してください。

（6）正誤

制作には万全を期しておりますが，万が一誤りなどがございましたら，弊社までご連絡ください。

なお，誤りが判明した場合は，弊社ウェブサイトの「ご購入者様のページ」に掲載しておりますので，そちらもご確認ください。

■ お問い合わせ

解答例，解説，印刷，製本など，問題集発行におけるすべての責任は弊社にあります。

ご不明な点がございましたら，弊社ウェブサイトの「お問い合わせ」フォームよりご連絡ください。迅速に対応いたしますが，営業日の都合で回答に数日を要する場合があります。

ご入力いただいたメールアドレス宛に自動返信メールをお送りしています。自動返信メールが届かない場合は，「よくある質問」の「メールの問い合わせに対し返信がありません。」の項目をご確認ください。

また弊社営業日（平日）は，午前９時から午後５時まで，電話でのお問い合わせも受け付けています。

2025 春

教英出版

株式会社教英出版

〒422-8054　静岡県静岡市駿河区南安倍３丁目 12-28

TEL　054-288-2131　　FAX　054-288-2133

URL　https://kyoei-syuppan.net/

MAIL　siteform@kyoei-syuppan.net

教英出版の中学受験対策

中学受験面接の基本がここに！
知っておくべき面接試問の要領

面接試験に，落ち着いて自信をもってのぞむためには，あらかじめ十分な準備をしておく必要があります。面接の心得や，受験生と保護者それぞれへの試問例など，面接対策に必要な知識を１冊にまとめました。

- 面接の形式や評価のポイント，マナー，当日までの準備など，面接の基本をていねいに指南「面接はこわくない！」
- 書き込み式なので，質問例に対する自分の答えを整理して本番直前まで使える
- ウェブサイトで質問音声による面接のシミュレーションができる

定価：770円(本体700円+税)

入試テクニックシリーズ

必修編

基本をおさえて実力アップ！
1冊で入試の全範囲を学べる！
基礎力養成に最適！

こんな受験生には必修編がおすすめ！

- 入試レベルの問題を解きたい
- 学校の勉強とのちがいを知りたい
- 入試問題を解く基礎力を固めたい

定価：1,100円(本体1,000+税)

発展編

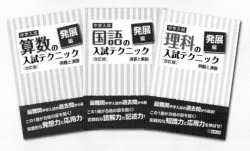

応用力強化で合格をつかむ！
有名私立中の問題で
最適な解き方を学べる！

こんな受験生には発展編がおすすめ！

- もっと難しい問題を解きたい
- 難関中学校をめざしている
- 子どもに難問の解法を教えたい

定価：1,760円(本体1,600+税)

絶賛販売中！

詳しくは教英出版で検索

教英出版 ［検索］

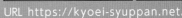

URL https://kyoei-syuppan.net/

教英出版の親子で取りくむシリーズ

公立中高一貫校とは？適性検査とは？受検を考えはじめた親子のための最初の１冊！

「概要編」では公立中高一貫校の仕組みや適性検査の特徴をわかりやすく説明し，「例題編」では実際の適性検査の中から，よく出題されるパターンの問題を厳選して紹介しています。実際の問題紙面も掲載しているので受検を身近に感じることができます。

- 公立中高一貫校を知ろう！
- 適性検査を知ろう！
- 教科的な問題〈適性検査ってこんな感じ〉
- 実技的な問題〈さらにはこんな問題も！〉
- おさえておきたいキーワード

定価：1,078円（本体980+税）

適性検査の作文問題にも対応！「書けない」を「書けた！」に導く合格レッスン

「実力養成レッスン」では，作文の技術や素材の見つけ方，書き方や教え方を対話形式でわかりやすく解説。実際の入試作文をもとに，とり外して使える解答用紙に書き込んでレッスンをします。赤ペンの添削例や，「添削チェックシート」を参考にすれば，お子さんが書いた作文をていねいに添削することができます。

- レッスン１ 作文の基本と，書くための準備
- レッスン２ さまざまなテーマの入試作文
- レッスン３ 長文の内容をふまえて書く入試作文
- 実力だめし！入試作文
- 別冊「添削チェックシート・解答用紙」付き

定価：1,155円（本体1,050+税）

絶賛販売中！

詳しくは教英出版で検索

教英出版　検索

URL https://kyoei-syuppan.net/

教英出版　2025年春受験用　中学入試問題集

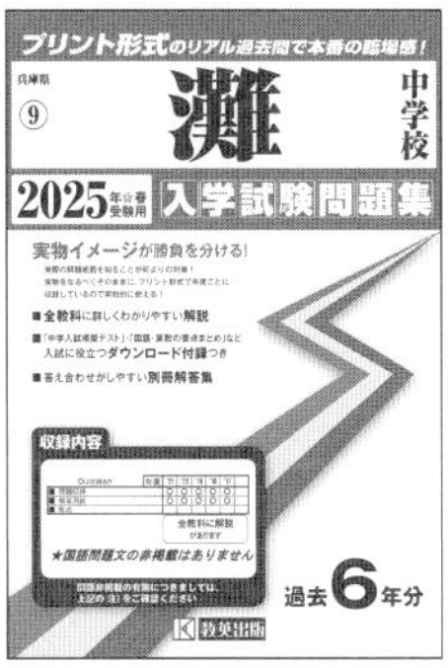

学校別問題集

✿はカラー問題対応

北海道

①[市立]札幌開成中等教育学校
②藤女子中学校
③北嶺中学校
④北星学園女子中学校
⑤札幌大谷中学校
⑥札幌光星中学校
⑦立命館慶祥中学校
⑧函館ラ・サール中学校

青森県

①[県立]三本木高等学校附属中学校

岩手県

①[県立]一関第一高等学校附属中学校

宮城県

①[県立]宮城県古川黎明中学校
②[県立]宮城県仙台二華中学校
③[市立]仙台青陵中等教育学校
④東北学院中学校
⑤仙台白百合学園中学校
⑥聖ウルスラ学院英智中学校
⑦宮城学院中学校
⑧秀光中学校
⑨古川学園中学校

秋田県

①[県立] 大館国際情報学院中学校／秋田南高等学校中等部／横手清陵学院中学校

山形県

①[県立] 東桜学館中学校／致道館中学校

福島県

①[県立] 会津学鳳中学校／ふたば未来学園中学校

茨城県

①[県立] 日立第一高等学校附属中学校／太田第一高等学校附属中学校／水戸第一高等学校附属中学校／鉾田第一高等学校附属中学校／鹿島高等学校附属中学校／土浦第一高等学校附属中学校／竜ヶ崎第一高等学校附属中学校／下館第一高等学校附属中学校／下妻第一高等学校附属中学校／水海道第一高等学校附属中学校／勝田中等教育学校／並木中等教育学校／古河中等教育学校

栃木県

①[県立] 宇都宮東高等学校附属中学校／佐野高等学校附属中学校／矢板東高等学校附属中学校

群馬県

① [県立]中央中等教育学校／[市立]四ツ葉学園中等教育学校／[市立]太田中学校

埼玉県

①[県立]伊奈学園中学校
②[市立]浦和中学校
③[市立]大宮国際中等教育学校
④[市立]川口市立高等学校附属中学校

千葉県

①[県立] 千葉中学校／東葛飾中学校
②[市立]稲毛国際中等教育学校

東京都

①[国立]筑波大学附属駒場中学校
②[都立]白鷗高等学校附属中学校
③[都立]桜修館中等教育学校
④[都立]小石川中等教育学校
⑤[都立]両国高等学校附属中学校
⑥[都立]立川国際中等教育学校
⑦[都立]武蔵高等学校附属中学校
⑧[都立]大泉高等学校附属中学校
⑨[都立]富士高等学校附属中学校
⑩[都立]三鷹中等教育学校
⑪[都立]南多摩中等教育学校
⑫[区立]九段中等教育学校
⑬開成中学校
⑭麻布中学校
⑮桜蔭中学校
⑯女子学院中学校
✿⑰豊島岡女子学園中学校
⑱東京都市大学等々力中学校
⑲世田谷学園中学校
✿⑳広尾学園中学校(第2回)
✿㉑広尾学園中学校(医進・サイエンス回)
㉒渋谷教育学園渋谷中学校(第1回)
㉓渋谷教育学園渋谷中学校(第2回)
㉔東京農業大学第一高等学校中等部(2月1日 午後)
㉕東京農業大学第一高等学校中等部(2月2日 午後)

神奈川県

①［県立］相模原中等教育学校
①［県立］平塚中等教育学校
②［市立］南高等学校附属中学校
③［市立］横浜サイエンスフロンティア高等学校附属中学校
④［市立］川崎高等学校附属中学校
✿⑤聖光学院中学校
✿⑥浅野中学校
⑦洗足学園中学校
⑧法政大学第二中学校
⑨逗子開成中学校（1次）
⑩逗子開成中学校（2·3次）
⑪神奈川大学附属中学校（第1回）
⑫神奈川大学附属中学校（第2·3回）
⑬栄光学園中学校
⑭フェリス女学院中学校

新潟県

①［県立］村上中等教育学校
①［県立］柏崎翔洋中等教育学校
①［県立］燕中等教育学校
①［県立］津南中等教育学校
①［県立］直江津中等教育学校
①［県立］佐渡中等教育学校
②［市立］高志中等教育学校
③新潟第一中学校
④新潟明訓中学校

石川県

①［県立］金沢錦丘中学校
②星稜中学校

福井県

①［県立］高志中学校

山梨県

①山梨英和中学校
②山梨学院中学校
③駿台甲府中学校

長野県

①［県立］屋代高等学校附属中学校
①［県立］諏訪清陵高等学校附属中学校
②［市立］長野中学校

岐阜県

①岐阜東中学校
②鶯谷中学校
③岐阜聖徳学園大学附属中学校

静岡県

①［国立］静岡大学教育学部附属中学校（静岡·島田·浜松）
②［県立］清水南高等学校中等部
②［県立］浜松西高等学校中等部
②［市立］沼津高等学校中等部
③不二聖心女子学院中学校
④日本大学三島中学校
⑤加藤学園暁秀中学校
⑥星陵中学校
⑦東海大学付属静岡翔洋高等学校中等部
⑧静岡サレジオ中学校
⑨静岡英和女学院中学校
⑩静岡雙葉中学校
⑪静岡聖光学院中学校
⑫静岡学園中学校
⑬静岡大成中学校
⑭城南静岡中学校
⑮静岡北中学校
⑯常葉大学附属常葉中学校
⑯常葉大学附属橘中学校
⑯常葉大学附属菊川中学校
⑰藤枝明誠中学校
⑱浜松開誠館中学校
⑲静岡県西遠女子学園中学校
⑳浜松日体中学校
㉑浜松学芸中学校

愛知県

①［国立］愛知教育大学附属名古屋中学校
②愛知淑徳中学校
③名古屋経済大学市邨中学校
③名古屋経済大学高蔵中学校
④金城学院中学校
⑤椙山女学園中学校
⑥東海中学校
⑦南山中学校男子部
⑧南山中学校女子部
⑨聖霊中学校
⑩滝中学校
⑪名古屋中学校
⑫大成中学校
⑬愛知中学校
⑭星城中学校
⑮名古屋葵大学中学校（名古屋女子大学中学校）
⑯愛知工業大学名電中学校
⑰海陽中等教育学校（特別給費生）
⑱海陽中等教育学校（I·II）
⑲中部大学春日丘中学校
新刊⑳名古屋国際中学校

三重県

①［国立］三重大学教育学部附属中学校
②暁中学校
③海星中学校
④四日市メリノール学院中学校
⑤高田中学校
⑥セントヨゼフ女子学園中学校
⑦三重中学校
⑧皇學館中学校
⑨鈴鹿中等教育学校
⑩津田学園中学校

滋賀県

①［国立］滋賀大学教育学部附属中学校
②［県立］河瀬中学校
②［県立］守山中学校
②［県立］水口東中学校

京都府

①［国立］京都教育大学附属桃山中学校
②［府立］洛北高等学校附属中学校
③［府立］園部高等学校附属中学校
④［府立］福知山高等学校附属中学校
⑤［府立］南陽高等学校附属中学校
⑥［市立］西京高等学校附属中学校
⑦同志社中学校
⑧洛星中学校
⑨洛南高等学校附属中学校
⑩立命館中学校
⑪同志社国際中学校
⑫同志社女子中学校（前期日程）
⑬同志社女子中学校（後期日程）

大阪府

①［国立］大阪教育大学附属天王寺中学校
②［国立］大阪教育大学附属平野中学校
③［国立］大阪教育大学附属池田中学校

④[府立]富田林中学校
⑤[府立]咲くやこの花中学校
⑥[府立]水都国際中学校
⑦清風中学校
⑧高槻中学校（A日程）
⑨高槻中学校（B日程）
⑩明星中学校
⑪大阪女学院中学校
⑫大谷中学校
⑬四天王寺中学校
⑭帝塚山学院中学校
⑮大阪国際中学校
⑯大阪桐蔭中学校
⑰開明中学校
⑱関西大学第一中学校
⑲近畿大学附属中学校
⑳金蘭千里中学校
㉑金光八尾中学校
㉒清風南海中学校
㉓帝塚山学院泉ヶ丘中学校
㉔同志社香里中学校
㉕初芝立命館中学校
㉖関西大学中等部
㉗大阪星光学院中学校

兵庫県

①[国立]神戸大学附属中等教育学校
②[県立]兵庫県立大学附属中学校
③雲雀丘学園中学校
④関西学院中学部
⑤神戸女学院中学部
⑥甲陽学院中学校
⑦甲南中学校
⑧甲南女子中学校
⑨灘中学校
⑩親和中学校
⑪神戸海星女子学院中学校
⑫滝川中学校
⑬啓明学院中学校
⑭三田学園中学校
⑮淳心学院中学校
⑯仁川学院中学校
⑰六甲学院中学校
⑱須磨学園中学校(第1回入試)
⑲須磨学園中学校(第2回入試)
⑳須磨学園中学校(第3回入試)
㉑白陵中学校
㉒夙川中学校

奈良県

①[国立]奈良女子大学附属中等教育学校
②[国立]奈良教育大学附属中学校
③[県立]
- 国際中学校
- 青翔中学校

④[市立]一条高等学校附属中学校
⑤帝塚山中学校
⑥東大寺学園中学校
⑦奈良学園中学校
⑧西大和学園中学校

和歌山県

①[県立]
- 古佐田丘中学校
- 向陽中学校
- 桐蔭中学校
- 日高高等学校附属中学校
- 田辺中学校

②智辯学園和歌山中学校
③近畿大学附属和歌山中学校
④開智中学校

岡山県

①[県立]岡山操山中学校
②[県立]倉敷天城中学校
③[県立]岡山大安寺中等教育学校
④[県立]津山中学校
⑤岡山中学校
⑥清心中学校
⑦岡山白陵中学校
⑧金光学園中学校
⑨就実中学校
⑩岡山理科大学附属中学校
⑪山陽学園中学校

広島県

①[国立]広島大学附属中学校
②[国立]広島大学附属福山中学校
③[県立]広島中学校
④[県立]三次中学校
⑤[県立]広島叡智学園中学校
⑥[市立]広島中等教育学校
⑦[市立]福山中学校
⑧広島学院中学校
⑨広島女学院中学校
⑩修道中学校
⑪崇徳中学校
⑫比治山女子中学校
⑬福山暁の星女子中学校
⑭安田女子中学校
⑮広島なぎさ中学校
⑯広島城北中学校
⑰近畿大学附属広島中学校福山校
⑱盈進中学校
⑲如水館中学校
⑳ノートルダム清心中学校
㉑銀河学院中学校
㉒近畿大学附属広島中学校東広島校
㉓AICJ中学校
㉔広島国際学院中学校
㉕広島修道大学ひろしま協創中学校

山口県

①[県立]
- 下関中等教育学校
- 高森みどり中学校

②野田学園中学校

徳島県

①[県立]
- 富岡東中学校
- 川島中学校
- 城ノ内中等教育学校

②徳島文理中学校

香川県

①大手前丸亀中学校
②香川誠陵中学校

愛媛県

①[県立]
- 今治東中等教育学校
- 松山西中等教育学校

②愛光中学校
③済美平成中等教育学校
④新田青雲中等教育学校

高知県

①[県立]
- 安芸中学校
- 高知国際中学校
- 中村中学校

福岡県

①[国立]福岡教育大学附属中学校（福岡·小倉·久留米）
②[県立]育徳館中学校
門司学園中学校
宗像中学校
嘉穂高等学校附属中学校
輝翔館中等教育学校
③西南学院中学校
④上智福岡中学校
⑤福岡女学院中学校
⑥福岡雙葉中学校
⑦照曜館中学校
⑧筑紫女学園中学校
⑨敬愛中学校
⑩久留米大学附設中学校
⑪飯塚日新館中学校
⑫明治学園中学校
⑬小倉日新館中学校
⑭久留米信愛中学校
⑮中村学園女子中学校
⑯福岡大学附属大濠中学校
⑰筑陽学園中学校
⑱九州国際大学付属中学校
⑲博多女子中学校
⑳東福岡自彊館中学校
㉑八女学院中学校

佐賀県

①[県立]香楠中学校
致遠館中学校
唐津東中学校
武雄青陵中学校
②弘学館中学校
③東明館中学校
④佐賀清和中学校
⑤成穎中学校
⑥早稲田佐賀中学校

長崎県

①[県立]長崎東中学校
佐世保北中学校
諫早高等学校附属中学校
②青雲中学校
③長崎南山中学校
④長崎日本大学中学校
⑤海星中学校

熊本県

①[県立]玉名高等学校附属中学校
宇土中学校
八代中学校
②真和中学校
③九州学院中学校
④ルーテル学院中学校
⑤熊本信愛女学院中学校
⑥熊本マリスト学園中学校
⑦熊本学園大学付属中学校

大分県

①[県立]大分豊府中学校
②岩田中学校

宮崎県

①[県立]五ヶ瀬中等教育学校
②[県立]宮崎西高等学校附属中学校
都城泉ヶ丘高等学校附属中学校
③宮崎日本大学中学校
④日向学院中学校
⑤宮崎第一中学校

鹿児島県

①[県立]楠隼中学校
②[市立]鹿児島玉龍中学校
③鹿児島修学館中学校
④ラ・サール中学校
⑤志學館中等部

沖縄県

①[県立]与勝緑が丘中学校
開邦中学校
球陽中学校
名護高等学校附属桜中学校

もっと過去問シリーズ

北海道

北嶺中学校
7年分(算数・理科・社会)

静岡県

静岡大学教育学部附属中学校
(静岡·島田·浜松)
10年分(算数)

愛知県

愛知淑徳中学校
7年分(算数・理科・社会)
東海中学校
7年分(算数・理科・社会)
南山中学校男子部
7年分(算数・理科・社会)
南山中学校女子部
7年分(算数・理科・社会)
滝中学校
7年分(算数・理科・社会)
名古屋中学校
7年分(算数・理科・社会)

岡山県

岡山白陵中学校
7年分(算数・理科)

広島県

広島大学附属中学校
7年分(算数・理科・社会)
広島大学附属福山中学校
7年分(算数・理科・社会)
広島学院中学校
7年分(算数・理科・社会)
広島女学院中学校
7年分(算数・理科・社会)
修道中学校
7年分(算数・理科・社会)
ノートルダム清心中学校
7年分(算数・理科・社会)

愛媛県

愛光中学校
7年分(算数・理科・社会)

福岡県

福岡教育大学附属中学校
(福岡·小倉·久留米)
7年分(算数・理科・社会)
西南学院中学校
7年分(算数・理科・社会)
久留米大学附設中学校
7年分(算数・理科・社会)
福岡大学附属大濠中学校
7年分(算数・理科・社会)

佐賀県

早稲田佐賀中学校
7年分(算数・理科・社会)

長崎県

青雲中学校
7年分(算数・理科・社会)

鹿児島県

ラ·サール中学校
7年分(算数・理科・社会)

※もっと過去問シリーズは
国語の収録はありません。

教英出版
〒422-8054
静岡県静岡市駿河区南安倍3丁目12－28
TEL 054-288-2131
FAX 054-288-2133
詳しくは教英出版で検索
教英出版 検索
URL https://kyoei-syuppan.net/

令和六年度　岐阜聖徳学園大学附属中学校　前期入学試験　問題用紙　（国語その一）

（字数にはすべて　、　。　「　」　をふくみます。答えはすべて解答用紙に記入しなさい。）

（45分）

一　次の文章を読んで、後の問いに答えなさい。

お詫び
著作権上の都合により、文章は掲載しておりません。
ご不便をおかけし、誠に申し訳ございません。
教英出版

お詫び
著作権上の都合により、文章は掲載しておりません。
ご不便をおかけし、誠に申し訳ございません。
教英出版

＊問題は（国語その二）に続きます。

令和六年度　岐阜聖徳学園大学附属中学校　前期入学試験　問題用紙　（国語その二）

（字数にはすべて、。「」をふくみます。答えはすべて解答用紙に記入しなさい。）

お詫び

著作権上の都合により、文章は掲載しておりません。
ご不便をおかけし、誠に申し訳ございません。

教英出版

※１　社会心理学者エーリッヒ・フロム…ドイツの社会心理学、精神分析、哲学の研究者。
※２　ポジティブ・シンキング…積極的で肯定的な考え方。
※３　フラストレーション…欲求不満。
※４　ソロー…ヘンリー・デイヴィッド・ソロー　アメリカ合衆国の作家・思想家・詩人・博物学者。
※５　M＆A…企業の合併・買収。

（本文は、スティーブン・R・コヴィー『完訳　7つの習慣』によります。なお、設問の都合で一部原文を省略・変更しているところがあります。）

問一　――線部①「今の社会には個性主義がまん延している」とありますが、その理由が述べられている一文の最初の五字を答えなさい。

問二　――線部②「治療の施しようがないほど自発性および自分らしさ欠乏症を患っている」とありますが、このような特徴の人を筆者は何にたとえていますか。本文中からぬき出しなさい。

問三　――線部③「近道」について、次の各問いに答えなさい。

Ⅰ　ここでいう「近道」とはどうすることですか。「～こと」に続く形で、本文中から二十七字でぬき出しなさい。

Ⅱ　「近道」をしようとすることによってどうなりますか。本文中の言葉を使って二十五字以内で答えなさい。

問四　――線部④「初めて会う人や同僚に対してであれば、格好をつけ、それらしく振る舞うことができる」とありますが、それはなぜですか。本文中の言葉を使って、わかりやすく説明しなさい。

問五　Ａ「□□□□も一歩から」の□に、前後の内容をふまえてあてはまる言葉を四字で入れ、ことわざを完成させなさい。

問六　この文章中には、次の【　】の部分がぬけています。１～３のどこに入れるのが適当ですか。一つ選び、数字で答えなさい。

【人生のさまざまな段階で能力を開発するのも同じである。ピアノが弾けるようになることも、同僚とうまくコミュニケーションをとれるようになることも、段階を踏まねばならない。これは個人にも、夫婦や家族にも、組織にも当てはまる原則である。】

問七　この文章の内容として**ふさわしくないもの**を次の**ア**～**エ**から一つ選び、記号で答えなさい。

ア　身近な人々と良い関係を築くには、高い人格が要求され、相手を理解したいという気持ちで相手の話を聴くことが必要だ。
イ　今の人々は、自分自身を知らず、理解しようともせず、自発性や自分らしさを失っている。
ウ　子どもの成長と発達における段階は、どれも重要であり省略することはできない。
エ　実業界においては、成長と発達のプロセスは必要なく、トレーニングによって信頼関係を築くことができる。

＊問題は（国語その三）に続きます。

令和六年度　岐阜聖徳学園大学附属中学校　前期入学試験　問題用紙　（国語その三）

（字数にはすべて「、」「。」「「」」をふくみます。答えはすべて解答用紙に記入しなさい。）

二　次の文章を読んで、後の問いに答えなさい。

最後にさかあがりしたのがいつだったかは思いだせなくても、最初に――生まれて初めて世界が逆さに回った、そのときのことは、はっきりと覚えてる。

葉子と同じ二年生、季節も同じ十月。

葉子は信じてくれるだろうか。

パパは①〈さかあがりの神様〉に会ったんだ。さかあがりのコツを神様に教わったんだぞ……。

故郷の町は、東京よりもずっと西にあった。その分遅い②夕暮れも、もう茜色が空からほとんど消えかかった頃だった。

真一は小学校の校庭でさかあがりの練習をしていた。あせっていた。悔しさと情けなさで泣き出してしまいそうだった。

最初はクラスの半分近かった〈できない組〉が授業のたびに減っていき、気が付けば残り数人になっていた。その日いっしょに練習をしていた〈できない組〉の仲間も、一人また一人と「できたあ！」の歓声とともに家に帰ってしまい、校庭に残ったのは真一だけだった。

下校のチャイムはとうに鳴っていた。暗くなった空と、町を囲んだ山なみとの境目が、もう見分けられない。北風にさらされた鉄棒を握り直すたびに、肩や背中が冷たさにゾクッと縮んだ。

掌や指の節にできたマメが、うずくように痛む。どうしても尻が鉄棒より上にいかない。たまに、今度はいいぞ、というところまで来ても、下腹を鉄棒に引き寄せることができず、脚が地面に落ちてしまう。何度やってもだめだ。負けず嫌いの気力も萎えて、もういいやあ、と鉄棒の下にへたりこんでしまった。

〈さかあがりの神様〉は、そんな真一の前に姿を現したのだった。

体の大きな男だった。ボアの付いた紺色のナイロンジャンパーを着ていた。校庭には明かりがないので顔はわからなかったが、何か怒っているような雰囲気だった。

学校の用務員さんだ、と最初は思った。

真一はあわてて立ち上がり、半ズボンの尻についた砂を払いながら、③「すぐ帰ります」と言った。

「逃げんでもええ」

しわがれた低い声が聞こえた瞬間、身がすくんだ。怖かった。目を上げて顔を確かめることもできない。

「さかあがりの練習しよるんか」

おとな同士でしゃべるときのように、笑いのない声だった。真一は思わず「ごめんなさい」と答えたが、顎も口もこわばっていて、うまく動かなかった。上目遣いでおそるおそる顔を見た。知らない人だった。太い眉毛とギョロっとした目がいっしょにつり上がって、学校で一番おっかない山田先生よりずっと怖そうだった。

「できんのか」と男はつづけた。怒られる、としか思えなかった。小さくうなずいたつもりだったが、男は声をさらに濁らせて言った。

「どっちな。できるんか。できんのか。」

④「……できません」

泣きそうになった。こんなに怖いひとに会うのは初めてだった。おとなの男のひとに怒られるのも、初めて。それ以前に、おとなの男のひとと二人きりになったことも、ほとんどない。

真一は赤ん坊の頃に父親を病気で亡くしていた。母一人子一人の暮らしだった。親戚や近所の男のひとは皆、真一に話しかけるときには優しい声をつくってくれた。その理由と「不憫な子」の意味を真一が知るのは、ずっとあとになってからのことだ。

「怖がらんでええけえ、いっぺんやってみいや」

男は鉄棒に顎をしゃくった。逃げ出したくても、足が震えてしまって動けない。助けを求めようにも校庭に人影はない。

「おじちゃんが見ちゃるけえ、やってみい」

もう一度うながされた。声がほんの少しだけ優しくなったような気がしたが、早くさかあがりをやらないと、また怖くなるかもしれない。

鉄棒につかまった。腕の幅を調節する間もなく、地面を蹴り上げた。

今回もだめだった。腕も脚もくたくたに疲れていたし、男の視線が気になって、いままでの中でも一番ひどい出来だった。

「こりゃあ、ぜんぜんおえんのう」

男は、初めて笑った。笑ってもしわがれ声は変わらなかったが、つり上がっていた眉毛や目が人形劇の人形のように急に下がった。

怒られずにすんだ。

ほっとして息をつくと、怯えた気持ちと入れ替わるように、悔しさと恥ずかしさと、そして悲しさが胸に湧いてきた。

お父ちゃんがおらんけん――喉を迫り上がりかけた言い訳を、うつむいて押しとどめた。

＊問題は（国語その四）に続きます。

令和六年度　岐阜聖徳学園大学附属中学校　前期入学試験　問題用紙　（国語その四）

（字数にはすべて、。「」をふくみます。答えはすべて解答用紙に記入しなさい。）

父親のいない暮らしに負い目を感じていたわけではない。母親は簿記の資格を持っていたので生活には困らなかったし、ものごころつく前に亡くなったのが逆によかったのだろう、父親との思い出をたどって悲しくなることもなかった。

それでも、寂しさは、ある。ときどき不意打ちのように胸を刺す。父親に肩車してもらっている友だちを見かけたとき、父親のこぐ自転車に二人乗りする友達に声をかけられたとき、いたずらをして父親にびんたを張られた友達に、赤く腫れた頬を触らせてもらったとき……。

さかあがりでも、そうだ。父親に手伝ってもらって練習したという友だちにならって、何日か前、さかあがりのコーチを一度だけ母親に頼んだ。しかし、尻を持ち上げてもらおうにも、母親の細い腕では小太りの真一の体を支えきれない。地面に落ちる脚といっしょに母親まで尻餅をついてしまい、母親はまだがんばるつもりだったが、真一の方が「もうええよ、危ないから」と止めたのだった。

⑤瞼が重くなった。いけない、と思ったとたん、涙があふれた。歯を食いしばったすすり泣きは、やがて嗚咽交じりの涙に変わり、最後は鉄棒に目元を押しつけて声をあげて泣いた。冷たい鉄棒に涙の温もりが滲みていく。錆びれた鉄のにおいに、しょっぱさが溶けた。

「もういっぺん、やってみい」

男が言った。濁った声を、もう怖いとは感じなかった。一度泣いてしまえば、悲しさも恥ずかしさも消えて、残ったのは誰にぶつけていいかわからない悔しさだけだった。

「今度は脚を上げるときに『このやろう！』思うてやってみい。肘をもっと曲げて、脚いうよりヘソを鉄棒につけるつもりで、腕と腹に『くそったれ！』いうて力を入れるんじゃ。目もつぶっとけ。そうしたらできるわい」

真一は鉄棒を強く握りしめた。

もう一度――これで最後。

肘を深く折り曲げ、「このやろう！」と心の中で一声叫んで、脚を跳ね上げた。ヘソをつけろ。腕と腹が痛い。目をつぶり、息を詰めて「くそったれ！」と叫び声を奥歯で噛みしめた。

あと少し。いいところまで来たが、これ以上、尻が上がらない。

そのときだった。

尻がフワッと軽くなった。

掌で支えてもらった――と思う間もなく、体の重心が手前に傾き、腰から上が勝手に動いた。世界が逆さに回った。自分でもなにが起きたのかわからないほどあっけなく、そしてきれいに、⑥さかあがりは成功したのだ。

「できたじゃろうが」

男は初めて笑った。思ったより遠くにいた。手を伸ばして尻を支えるには距離がある。ということは自分の力で……いや、しかし、半ズボンの尻には、掌で押し上げてもらった感覚がまだ残っていた。

「もういっぺんやってみい。体が忘れんよう、練習するんじゃ」

言われたとおり、何度も練習した。ずっと成功がつづいた。尻が鉄棒を越えるとき掌に支えられる、それも同じ。だが、成功して脚を地面についたあと、すぐに目を開けて確かめると、男はいつも鉄棒から離れたところで腕組みをして立っているのだった。

何度目だったろうか。初めて、掌に支えられることなくさかあがりに成功した。

「やったあ！」

思わず声をあげて男の姿を探した。

どこにもいなかった。

神様だ、と思った。〈さかあがりの神様〉が助けてくれたのだ、と信じた。

それを確かめたくて、もう一度やってみた。だいじょうぶ。何度も繰り返した。できる。「このやろう！」と「くそったれ！」がなくても、世界は気持ちいいぐらい簡単に逆さに回ってくれる。

なぜだろう、それは初めて体験したはずの感覚なのに、ずうっと昔に味わった心地よさが蘇ったような気がしてならなかった。

（本文は、重松清『自選短編集・男子編　卒業ホームラン』（新潮文庫刊）中の「さかあがりの神様」によります。
なお、設問の都合で一部原文を省略・変更しているところがあります。）

問一　この話は、主人公である真一が、さかあがりができない娘の葉子にさかあがりを教えながら、幼いころの出来事を回想している場面です。回想シーンはどこから始まりますか。回想シーンが始まる所の最初の五字を答えなさい。

問二　――線部①〈さかあがりの神様〉とありますが、〈さかあがりの神様〉の外見を、本文中の言葉を使って三十字以内で説明しなさい。

＊問題は（国語その五）に続きます。

令和六年度　岐阜聖徳学園大学附属中学校　前期入学試験　問題用紙　（国語その五）

（字数にはすべて 、 。「 」 をふくみます。答えはすべて解答用紙に記入しなさい。）

問三　――線部②「夕暮れ」とありますが、この文以外で、この場面が夕暮れの時間であることがわかる情景描写を一文でぬき出し、最初の五字を答えなさい。

問四　――線部③「すぐ帰ります」とありますが、「すぐ帰ります」と言ったのはなぜですか。真一の気持ちをふまえ、二十五字以内で答えなさい。

問五　――線部④「……できません」とありますが、「……」には真一のどのような様子が表れていますか。真一の様子としてふさわしいものを次の**ア**～**エ**から一つ選び、記号で答えなさい。

ア　男の言葉の意味がわからず答えられない様子
イ　さかあがりができないことを男に知られたくない様子
ウ　怒られるのではないかとびくびくしている様子
エ　さかあがりができず悔しさをかみしめている様子

問六　――線部⑤「瞼が重くなった。いけない、と思ったとたん、涙があふれた」とありますが、「涙があふれた」のはなぜですか。この時の真一の心情をふまえ、「悔しさ」と「悲しさ」の二語を必ず使って答えなさい。

問七　――線部⑥「さかあがりは成功したのだ」とありますが、これと同じことを表現している一文をぬき出しなさい。

問八　この文章では、〈さかあがりの神様〉との出会いを通して、さかあがりができるようになった「成功体験」が描かれています。あなたが、今までに体験した「成功体験」を書きなさい。ただし、次の条件をよく読んでから書くこと。

・段落は設けず、一マス目から書き始める
・百五十字以内で書く
・どのような努力をして、成功に至ったか、できるだけ具体的に書く

三

次の各問いに答えなさい。

問一　次の――線部の漢字はひらがなに、カタカナは漢字に直して答えなさい。

① 神社のご利益を期待する。
② 持久走で一等になる。
③ 貿易船が日本に寄港する。
④ 豊富な資源を守る。
⑤ 城下町を観光する。
⑥ ウンユ業を営む。
⑦ ヨキン通帳に記帳する。
⑧ 化石ネンリョウを用いる。
⑨ ジッセキが評価される。
⑩ 係としてのギムを果たす。

問二　次の①～⑤は有名な文学作品の冒頭部分です。①～⑤の作品名と作者名を、**Ⅰ**・**Ⅱ**の**ア**～**オ**から一つずつ選び、記号で答えなさい。

① 春はあけぼの。やうやう白くなりゆく山ぎは、すこしあかりて、紫だちたる雲のほそくたなびきたる。
② 山路を登りながら、こう考えた。智に働けば角が立つ。情に棹（さお）させば流される。意地を通せば窮屈（きゅうくつ）だ。とかくに人の世は住みにくい。
③ 小田原熱海間に、軽便鉄道敷設の工事が始まったのは、良平の八つの年だった。良平は毎日村外れへ、その工事を見物に行った。
④ 月日は百代の過客にして、行きかふ年もまた旅人なり。舟の上に生涯を浮かべ、馬の口とらへて老いを迎ふる者は、日々旅にして旅をすみかとす。
⑤ 「ではみなさんは、そういうふうに川だと言われたり、乳の流れたあとだと言われたりしていた、このぼんやりと白いものがほんとうは何かご承知ですか」先生は黒板につるした大きな黒い星座の図の、上から下へけぶった銀河帯のようなところを指しながら、みんなに問いかけをしました。

Ⅰ　**ア**『トロッコ』　**イ**『銀河鉄道の夜』　**ウ**『枕草子』　**エ**『草枕』　**オ**『おくの細道』

Ⅱ　**ア** 松尾芭蕉（ばしょう）　**イ** 芥川龍之介　**ウ** 宮沢賢治　**エ** 清少納言　**オ** 夏目漱石

令和６年度　岐阜聖徳学園大学附属中学校　　前期入学試験（算数その１）

（45分）（計算は問題の下のあいている部分を使い，答えは □ に記入しなさい。）

受験番号	得点
	※100点満点（配点非公表）

1　次の (1) 〜 (4) の計算をしなさい。

(1)　$30-24\div 6$

(2)　$1\frac{2}{3}\times\frac{4}{5}\times\frac{6}{7}\div\frac{8}{9}$

(3)　$2024\div 4+2024\div 6+2024\div 12$

(4)　$\frac{1}{20}+\left(1\frac{3}{4}-0.85\right)\times\frac{1}{8}$

2　次の (1) 〜 (6) の問いに答えなさい。

(1)　120 の約数は全部で何個あるか求めなさい。このうち，5 番目に大きい約数を求めなさい。

個　，　5 番目に大きい約数は

(2)　$\frac{3}{4}$ と $1\frac{1}{6}$ の間にあって，分子が 21 になる分数はいくつあるか求めなさい。

(3)　280 個より多く，300 個より少ないご石があります。これらのご石を 3 列に並べても，6 列に並べても，8 列に並べても 2 個余ります。ご石の個数を求めなさい。

個

(4)　下の図のように，同じ大きさの長方形を 3 つ組み合わせます。長方形 1 つの面積を求めなさい。

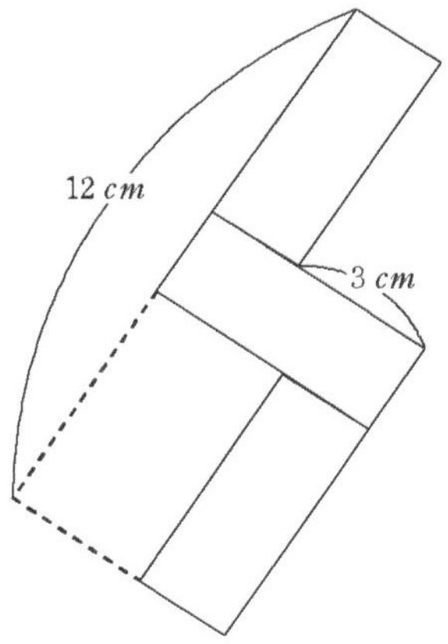

cm^2

(5)　下の図のように・が同じ間かくで並んでいます。この中から 4 つの点を選んで正方形をつくります。正方形はいくつできるか求めなさい。

個

(6)　下の図のように，正方形の中に三角形をつくります。ⓐの角の大きさを求めなさい。

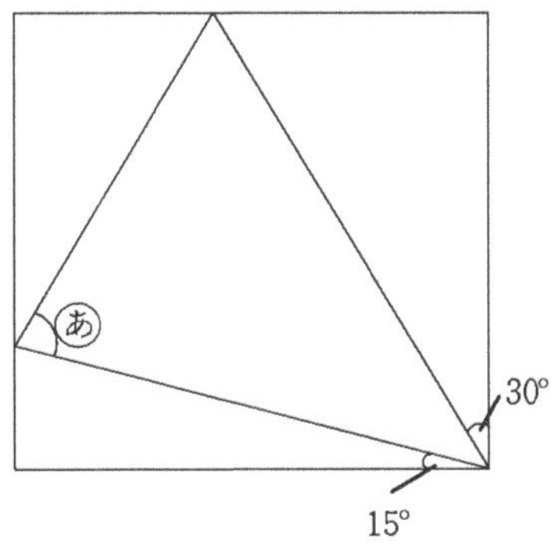

度

＊問題は（算数その２）に続きます。

令和６年度　岐阜聖徳学園大学附属中学校　　前期入学試験（算数その２）

（計算は問題の下のあいている部分を使い，答えは［　　］に記入しなさい。）

受験番号［　　　］

3　電球を取り付けて部屋を明るくしようと思います。用意した電球は図１のように，設置したところを中心として，半径 2 m の範囲を照らします。また部屋は，1 m ごとに線が引いてあり，電球を取り付ける場所は線が十字に交わったところだけに取り付けることができます。このとき，次の (1) ～ (3) の問いに答えなさい。ただし，円周率は 3.14 とします。

(1)　図１のような部屋に電球を取り付けて照らしたとき，照らすことができる場所の面積を求めなさい。

図１

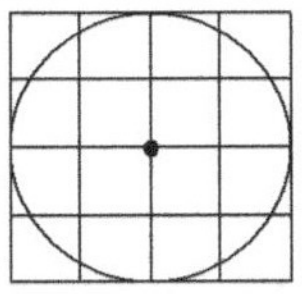

［　　　　m^2］

(2)　図２のような部屋で点の位置に電球を取り付けて照らしたとき，重なって照らされた場所の面積を求めなさい。

図２

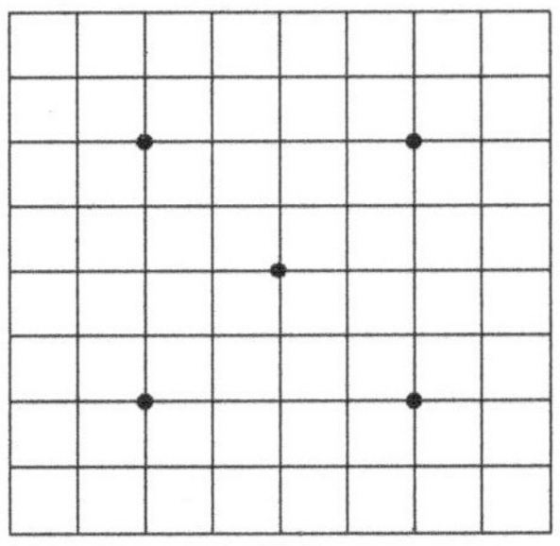

［　　　　m^2］

(3)　図２のような部屋で点の位置に電球を取り付けて照らしたとき，照らすことができない場所の面積を求めなさい。

［　　　　m^2］

4　次のような性質を持った２つの箱 A，B があります。

> A の箱に数を入れると，入れた数に 3 をたした数が出てくる。
> B の箱に数を入れると，入れた数に 3 をかけた数が出てくる。

どちらかの箱に最初，3 を入れます。たとえば，はじめに B の箱に入れると 9 が出てきます。次に A の箱に入れると 12 が出てきます。このとき，次の (1) ～ (3) の問いに答えなさい。

(1)　はじめから順に，A，B，B，A，A，B と箱に入れると，最後に出てきた数を求めなさい。

［　　　　］

(2)　はじめからいろいろな順で A の箱に 2 回，B の箱に 2 回入れたとき，出てきた数の中で 2 番目に小さい数を求めなさい。

［　　　　］

(3)　はじめから何回か箱に入れたとき，最後に 27 が出てくる入れ方は何通りあるか求めなさい。

［　　　　通り］

5　学さんと夢見さんが同じ家を出発して一定の速さで歩いて図書館へ向かいます。学さんは夢見さんより少し遅れて家を出ました。途中に学さんは忘れ物に気づき，立ち止まってかばんの中を探しましたが見つかりません。走って家に戻り，忘れ物をとって走って図書館に向かうと，夢見ちゃんと同時に到着しました。下のグラフは，２人の距離の差を表したものです。このとき，次の (1) ～ (4) の問いに答えなさい。

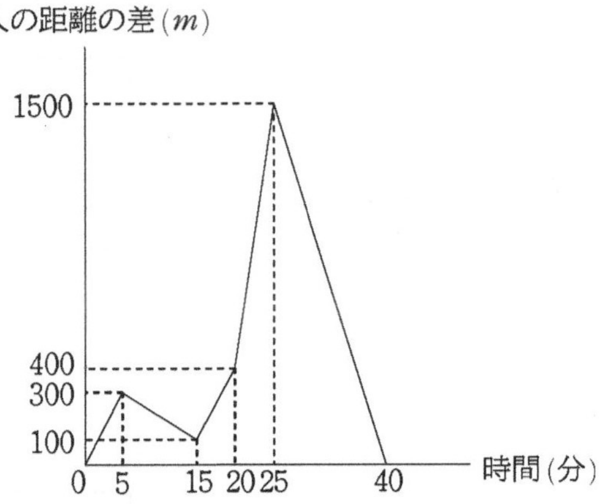

(1)　夢見さんの歩く速さを求めなさい。

［分速　　　m］

(2)　学さんが立ち止まって忘れ物を探している時間を求めなさい。

［　　　　分］

(3)　家から図書館までの距離を求めなさい。

［　　　　m］

(4)　学さんの走る速さを求めなさい。

［分速　　　m］

令和６年度　岐阜聖徳学園大学附属中学校　前期入学試験　問題用紙（理科その１）

（答えはすべて解答用紙に記入しなさい。）

（30分）

1　次の文章は学さんと夢見さんが富士登山をしたときについての会話です。文章を読み，１～９の問いに答えなさい。

学　：　みんなで行った富士登山はとても楽しかったね。

夢見：　うん。楽しく登山しながら，新たな発見をすることができたよ。普段あまり見かけないイワヒバリやAアサギマダラ，ホシガラス，マルハナバチ，バッタの仲間などの生き物がいたね。ニホンジカを見かけたときにはとても驚いたな。

学　：　動物以外にもいろんな植物があったね。でも，カラフルなお花畑や「高山植物」と呼ばれる植物はほとんど見なかったよ。富士山は標高が 3776 ｍもあるのになぜだろう？

夢見：　私も気になったから，高山植物について調べてみたよ。高山植物というのは，養分が少ない土を好むから森林限界より高い高山帯に生えているらしいよ。それだけじゃなくて，いま日本でみられる高山植物は，日本が氷河に覆われていた時代に栄えた植物の子孫なんだって。

学　：　なるほど。ということは，B富士山には氷河時代に栄えた植物の子孫が残っていないということか。富士山には乾燥したC火山灰が多くあったから，土に養分が少なくて，育つための環境は整っていそうだけど…。高山植物が育つための環境が整っているだけではダメなんだね。
その他にも発見はあった？

夢見：　登れば登るほどいろんなことが変化することを発見したよ。D標高が高くなるほど気温が低くなっていったり，E家からもっていたお菓子の袋が膨らんでいったり。

学　：　僕はF登れば登るほど，呼吸がしにくくなったんだ。山小屋で一日休憩したら元に戻ったけど，高山病にならなくてよかった。

夢見：　学さんが山小屋で寝ている間，私は外で夜空をみていたんだけど，すごくたくさんG星が見えてきれいだった。いつも家から見ている星よりも明るく感じたよ。

学　：　夢見さんは都市部に住んでいるから，普段はなかなか星が見えないんだよね。
今回の富士登山では，学ぶだけじゃなくて体力もついたような気がするんだ。富士登山から帰ってきた次の日，H筋肉痛になっていたけれど…。

夢見：　とても，充実した富士登山になったってことだね！

1　文章中の下線部Aについて，アサギマダラのからだとあしはどのようになっていますか。次の**ア**～**エ**から正しいものを１つ選び，記号で答えなさい。

ア　　**イ**　　**ウ**　　**エ**

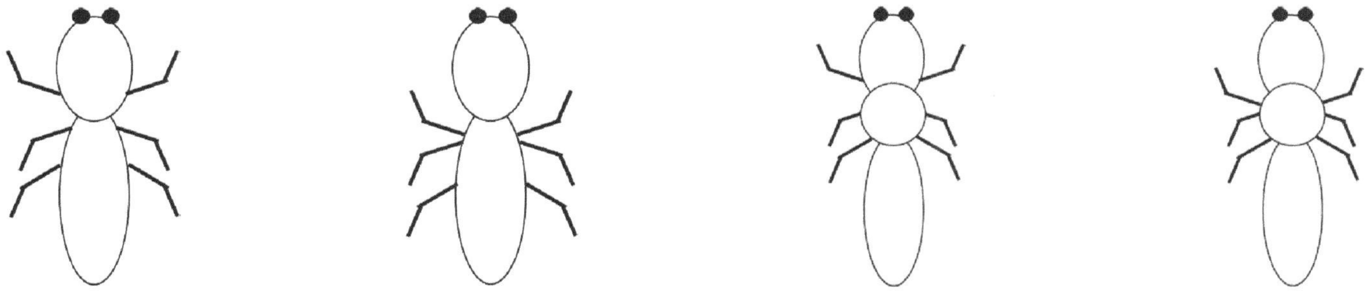

2　文章中の下線部Bについて，富士山では標高が 3776 ｍあるのにもかかわらず，高山植物をほとんど見ることができません。この理由について考えられることを「**時代**」という言葉を使って簡単に説明しなさい。

3　文章中の下線部Cについて，次の各問いに答えなさい。

（１）火山にはさまざまな形があります。火山の形から，その火山がどのようにしてできたのか考えることができます。富士山はどのようにしてできたと考えられますか。次の**ア**～**エ**から適切なものを１つ選び，記号で答えなさい。

ア　円すい状の形をしていて，溶岩と火山灰が交互に重なってできた

イ　ねばりけの少ないマグマによって，溶岩が薄く広がってできた

ウ　大量の噴火のあと，頂上付近が落ち込んでできた

エ　非常にねばりけの強いマグマによって，爆発せず盛り上がってできた

（２）右の**図１**は，火山灰をしきつめて顕微鏡で観察したときのスケッチです。**図１**の場合，色指数はいくつになるか，数字で答えなさい。色指数とは，色のある粒がどれくらいの割合で含まれているかを表した数字で，方眼紙の交点 100 個あたりに色のある粒がいくつあるかで表すことができます。

図１

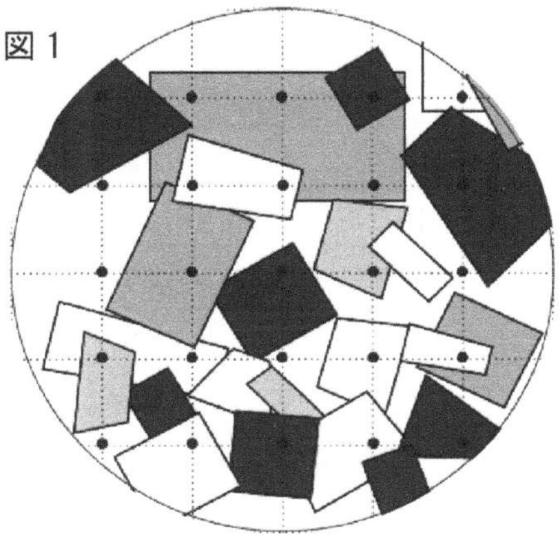

＊問題は（理科その２）に続きます。

（答えはすべて解答用紙に記入しなさい。）

4　文章中の下線部**D**について，空気中には水が含まれていて，気温が下がることで冷やされて雲となって現れます。この雲によってフェーン現象が起き，夏に日本の内陸部で高温が記録される原因の１つとなっています。

(1) 空気中に含まれている水は見えない状態になっています。このように大気中で見えない状態になっている水を何というか答えなさい。

(2) **図２**のような山でフェーン現象について考えます。**図２**の山では，海側の標高 2000 mから 3300 mまで雲がかかっていて，内陸側には雲が全くかかっていませんでした。海側の地上０m地点の気温が 20 ℃のとき，内陸側の地上０mの気温は何℃になるか答えなさい。気温と標高については次のようになっています。

- 雲ができていない空気は 100 m上がると気温が１ ℃下がる
- 雲ができていない空気は 100 m下がると気温が１ ℃上がる
- 雲ができている空気は 100 m上がると気温が 0.5 ℃下がる
- 雲ができている空気は 100 m下がると気温が 0.5 ℃上がる

図２

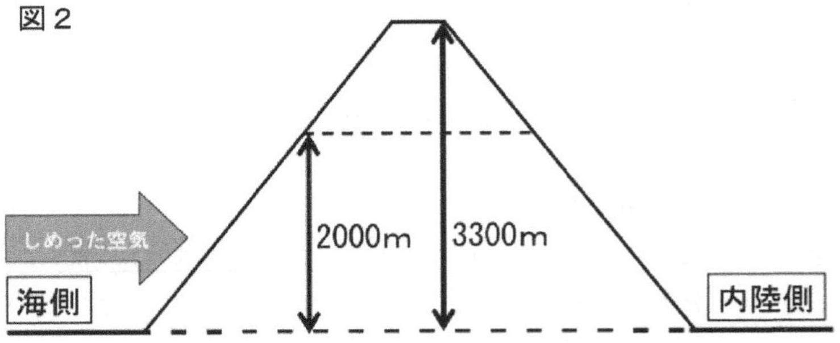

(3) 近年，地球温暖化が大きな問題として取り上げられています。発電のために石油や石炭を燃やしたり，乗り物を動かすためにガソリンを燃やしたりすることによって二酸化炭素が増加することが地球温暖化の原因だと考えられています。地球温暖化が進んでいくと，地球のさまざまな場所で悪影響が出てきます。どんな悪影響がでてくるか，１つ説明しなさい。

5　文章中の下線部**E**について，標高が高くなればなるほどお菓子の袋が膨らんでいきます。これは，標高が高くなることによって大気圧（空気から受ける力）が変化していくからですが，これについて述べた次の**ア**～**エ**からあやまっているものを１つ選び，記号で答えなさい。

ア　標高が高くなるほど，大気圧が大きくなりお菓子の袋が膨らむ
イ　地上０m地点では，お菓子の袋内の空気が大気圧によって抑えられている
ウ　山頂で膨らんだお菓子の袋を未開封のまま家に持ち帰ると、元の大きさにもどる
エ　お菓子の袋に穴が開いていたら，標高が高くなっても膨らむことはない

6　文章中の下線部**F**について，ヒトは呼吸によって空気中の酸素を体内に取り入れています。

(1) 呼吸によって取り入れられた酸素は血管へ入り，全身へと送り出されます。血管へ入った酸素は血液中にとけこみますが，酸素を多く含んだ血液のことを何というか，答えなさい。

(2) 血液は心臓がポンプのように膨らんだり縮んだりすることで全身へ送られています。学さんの脈拍（みゃくはく）数を測ってみたところ，１分間に 70 回でした。拍動１回あたりに心臓が送り出す血液の体積が 60 mL であるとき，次の各問いに答えなさい。

①　学さんの心臓が１分間に送り出す血液の量は何Ｌか答えなさい。
②　学さんの血液は１時間に全身を何周するか答えなさい。ただし，学さんの全身を流れる血液の体積は 3.5 Ｌとします。

7　文章中の下線部**G**について，星は古代から観測されてきましたが，現代になるにつれて見えにくくなってきています。この理由について述べた次の**ア**～**エ**から最も適切なものを１つ選び，記号で答えなさい。

ア　現代になるにつれて，星が地球から離れていっているから
イ　古代に比べて，空が街の明かりで明るくなったから
ウ　観測者の視力が低下してきているから
エ　明るい星が爆発して消滅したから

8　星の明るさは，星と観測する場所との距離によって変化します。ある星から１光年はなれたところでの明るさを 1000 としたとき，２光年はなれたところでの明るさはいくつになるか答えなさい。

- 「光年」とは光が一年間に進む距離をあらわす単位である
- 星は同じ望遠鏡で観察したときの明るさとする
- **図３**の**a**と**b**の光の総量は同じである

図３

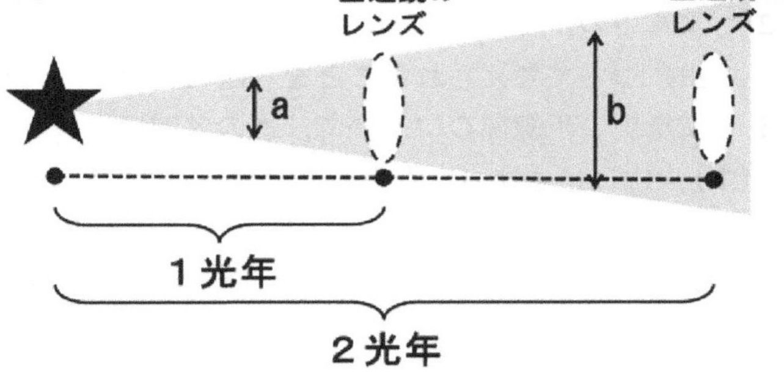

9　文章中の下線部**H**について，ヒトのからだは大脳から全身の筋肉へ指令が送られることによって動いています。しかし，刺激に対して大脳から指令が送られることなく，無意識に反応をすることがあります。このような反応を「反射」といいます。例の１つとして，熱いものに手がふれて思わず手を引っ込める反応があります。このほかの「反射」の例を１つ説明しなさい。

＊問題は（理科その３）に続きます。

2　次の文章を読み，１～７の問いに答えなさい。

５種類の水溶液があります。この水溶液Ａ～Ｅについて調べるために次のような実験を行いました。ただし，５種類の水溶液は，食塩水，石灰水，炭酸水，クエン酸水溶液，アンモニア水のいずれかです。

【実験１】
それぞれの水溶液を別々の蒸発皿に入れて，ガスバーナーを用いて加熱をしたところ，水溶液Ｂ，Ｄ，Ｅは蒸発皿に白い固体の物質が残り，水溶液Ａ，Ｃは加熱しても蒸発皿に何も残りませんでした。

【実験２】
それぞれの水溶液を１滴ずつ青色リトマス紙につけたところ，水溶液Ｃ，Ｅは赤色に変化しました。

【実験３】
それぞれの水溶液には酸やアルカリの性質があることを利用して，理科室の水道についているせっけんカスの汚れが落ちないか調べてみました。水溶液をスポンジにしみこませて，それぞれせっけんカスの汚れをこすってみたところ，１種類の水溶液だけ汚れがよく落ちました。

１　食塩水は，水に食塩がとけたもののことです。100ｇの水に食塩を30ｇ加えたとき，この食塩水の濃度は何％になるか答えなさい。ただし，小数第１位を四捨五入して整数で答えなさい。

２　炭酸水について述べた次のア～エから適切なものを１つ選び，記号で答えなさい。
ア　炭酸水は炭素が水にとけてできている
イ　炭酸水は水の温度が高ければ高いほど，炭酸の刺激が強くなる
ウ　未開封の炭酸水が入ったペットボトルを強く振っても，ペットボトル内の圧力は変化しない
エ　炭酸水用のペットボトルの飲み口には溝があり，この溝から気体が出られるようになっている

３　アンモニア水は，水にアンモニアがとけたもののことです。アンモニアには水に非常によくとけるという性質があります。図１のように，アンモニアが入った試験管を水の中でさかさまに立て，ゴム栓を外すとどうなるか，次のア～エから適切なものを１つ選び，記号で答えなさい。
ア　特に変化はおきない
イ　試験管の中から気体が水槽へ出てくる
ウ　水槽の水が試験管の中へ入り，試験管内の液面が上がる
エ　試験管の中に水は入っていかないが，水槽の水が減る

図１

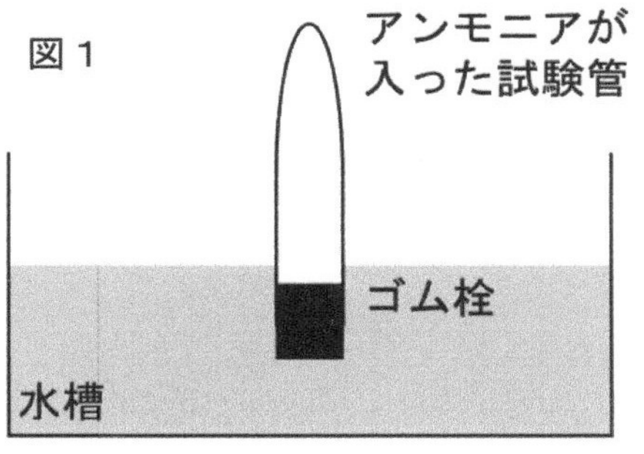

４　【実験１】の結果について，水溶液Ａ，Ｃが加熱しても何も残らなかった理由として適切なものを次のア～エから１つ選び，記号で答えなさい。
ア　気体がとけていたから
イ　液体がとけていたから
ウ　固体がとけていたから
エ　水に一度とけると無くなるから

５　【実験１】【実験２】の結果から，水溶液Ｃは何だと考えられるか，答えなさい。

６　【実験１】【実験２】の結果だけでは何かがわからない水溶液が２種類あります。２種類の水溶液を区別するための実験方法を説明しなさい。

７　【実験３】について，汚れやにおいを落とすには，酸とアルカリの中和反応を利用することができます。【実験３】において，せっけんカスの汚れが最もよく落ちたのはどの水溶液だと考えられるか，水溶液Ａ～Ｅの記号で答えなさい。

令和６年度　岐阜聖徳学園大学附属中学校　前期入学試験　問題用紙（社会その１）

(30分)

（答えはすべて解答用紙に記入しなさい。）

1　次の**あ**～**き**の文を読んで，１～３の問いに答えなさい。

あ　[A]は，政府の政治が専制的であると批判し，議会を開設して国民が政治に参加することを求める文書を提出しました。
い　聖徳太子が遣隋使として小野妹子らを派遣し，隋と対等の立場で国交を結ぼうとしました。
う　第８代将軍のとき，将軍のあとつぎをめぐる対立に全国の守護大名が加わり，11 年にわたる[B]の乱が起きました。
え　天皇が位をゆずって上皇となり，政治を行うようになると，天皇と上皇の間で権力をめぐる争いが起きました。
お　中大兄皇子は，百済を助けるために朝鮮半島に大軍を送りましたが，新羅と唐の連合軍に敗れました。
か　ペリーが軍艦を率いて浦賀に来航したことをきっかけにして，日本の鎖国体制は崩れていくことになりました。
き　幕府の[C]になった田沼意次は，幕府の財政を立て直すために改革を行いましたが，天明のききんによって失脚しました。

1　[A]～[C]にあてはまる語句や人物を答えなさい。なお、[A]には後に自由党を結成し、党首に就任した人物が入ります。
2　**あ**～**き**の各文を，内容の古い文から新しい文の順に並び替え，３番目，５番目，７番目の記号を答えなさい。
3　**あ**～**き**の各文について，次の（１）～（10）の問いに答えなさい。

（１）「**あ**」について，ここから始まった，国民の政治参加を求める運動を何といいますか。

（２）「**あ**」について，このような活動の結果，国会（帝国議会）が開設されましたが，この時の選挙では選挙権に制限が設けられていました。どのような制限があったか，簡単に説明しなさい。

（３）「**い**」について，次の【資料１】は，聖徳太子によって定められた法の一部です。この法によって示されたこととして誤っているものを，次の**ア**～**エ**から１つ選び，記号で答えなさい。

【資料１】　一に曰（いわ）く，和をもって貴（たっと）しとなし，さからうことなきを宗（むね）とせよ。
二に曰く，あつく三宝を敬え。三宝とは仏・法・僧なり。
三に曰く，詔（みことのり）をうけたまわりては必ずつつしめ。

ア　役人としての心構え
イ　学問と武道に励むこと
ウ　仏教を敬うこと
エ　天皇の命令に従うこと

【資料２】

（４）「**い**」の時代に関連して，【資料２】の同時期に制作された２つの仏像のうち，左は韓国で作られた金銅仏，右は京都の広隆寺所蔵の弥勒菩薩（みろくぼさつ）像です。この２つの仏像の共通点からどのようなことがわかるか，簡単に説明しなさい。

（５）「**う**」について，この将軍の時代の文化を代表する建物として正しいものを，次の**ア**～**エ**から１つ選び，記号で答えなさい。

ア

イ

ウ

エ

（６）「**え**」について，下線部のような政治を何というか，答えなさい。

（７）「**え**」について，この動きの中で，政治の実権を握っていた身分が変わっていきました。どのような身分からどのような身分に変わっていったのか，簡単に説明しなさい。

（８）「**お**」について，中大兄皇子が行った政治改革により，それまで各地の豪族が支配していた土地と人々を，国家が直接支配するという原則が確立しました。この原則を漢字４字で答えなさい。

（９）「**か**」について，この時期に起こった出来事を示した次の**ア**～**エ**を古い順に並び替え，記号で答えなさい。

ア　日米和親条約を結ぶ　　**イ**　桜田門外の変　　**ウ**　日米修好通商条約を結ぶ　　**エ**　安政の大獄

（10）「**き**」について，田沼意次が行った政策として正しいものを，次の**ア**～**エ**から１つ選び，記号で答えなさい。

ア　囲い米の制を実施して，各地に置かれた倉に米をたくわえさせた
イ　株仲間を解散させ，商人たちが利益を独占することを防いだ
ウ　長崎での貿易を推進し，俵物や銅を積極的に輸出した
エ　幕府の学校で，朱子学以外の学問を教えることを禁止した

＊問題は（社会その２）に続きます。

（答えはすべて解答用紙に記入しなさい。）

２　次の図は，秋田県能代市の一部の25000分の１の地形図です。これを見て，１～７の問いに答えなさい。なお，地形図は実際のものよりも拡大してあり，一部を加工しています。

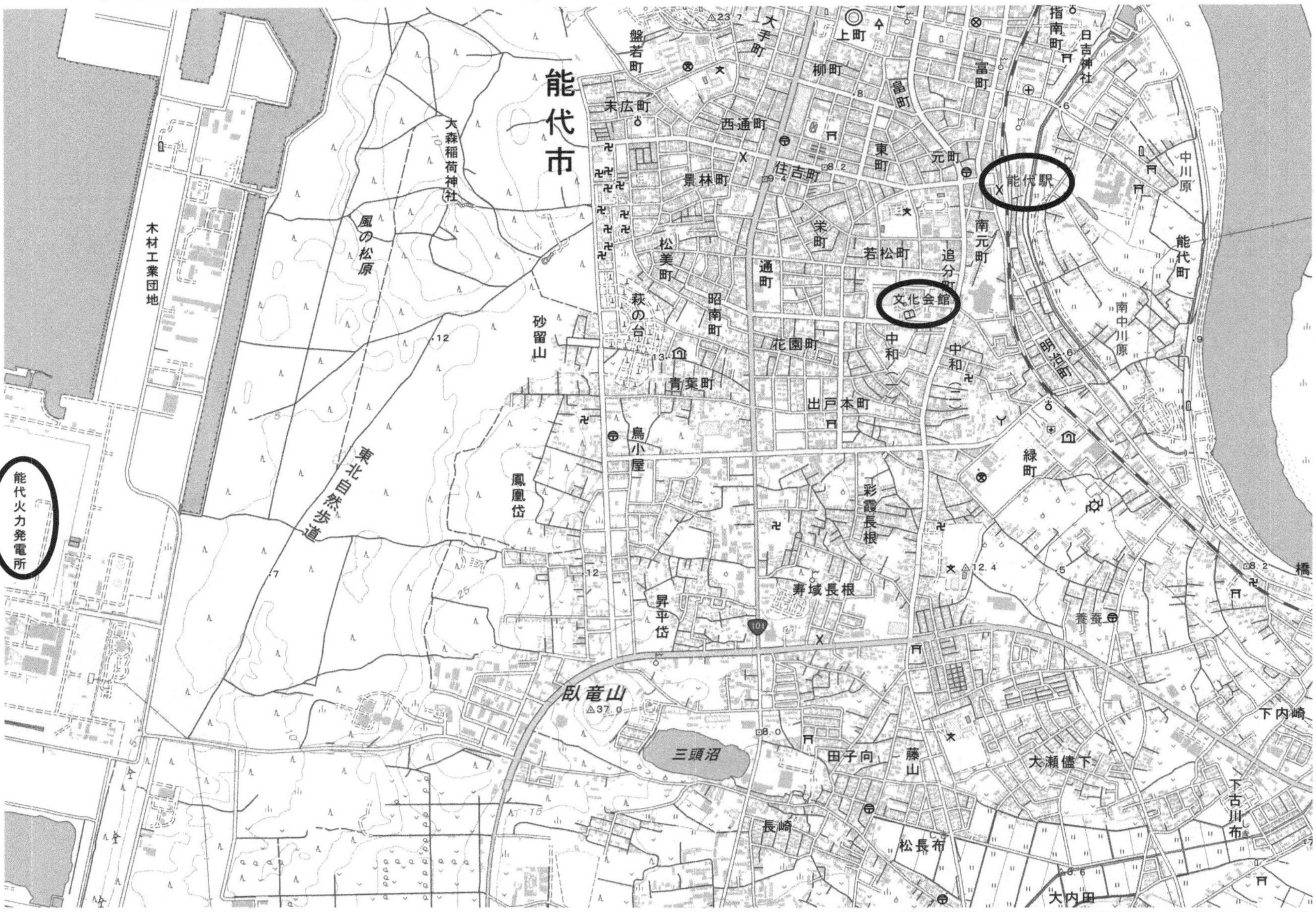

「地理院タイル（国土地理院）」を利用して作成

１　「能代駅」から「文化会館」までは地形図上で２cm離れていました。実際の距離は何mか，答えなさい。

２　「能代駅」から見て，市役所はどの方位にありますか。８方位で答えなさい。

３　この地形図上にない施設を，次のア～エから１つ選び，記号で答えなさい。

ア　寺院　　イ　神社　　ウ　博物館　　エ　郵便局

４　「能代火力発電所」がなぜ沿岸部に位置しているのか，理由を簡単に説明しなさい。

５　この地形図上でみられる水田の中には，効率よく生産するために様々な工夫がされているところがあります。どのように工夫されているか，簡単に説明しなさい。

６　次のア～エは，那覇市・高松市・仙台市・秋田市の雨温図です。この中から秋田市の雨温図を選び，記号で答えた上で，そのように判断した理由を簡単に説明しなさい。

ア

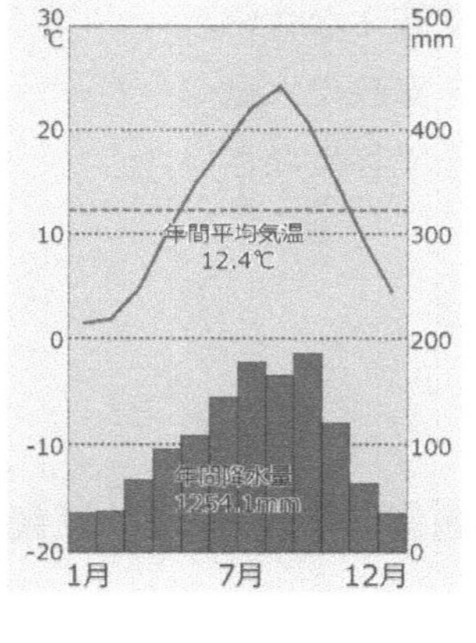

イ

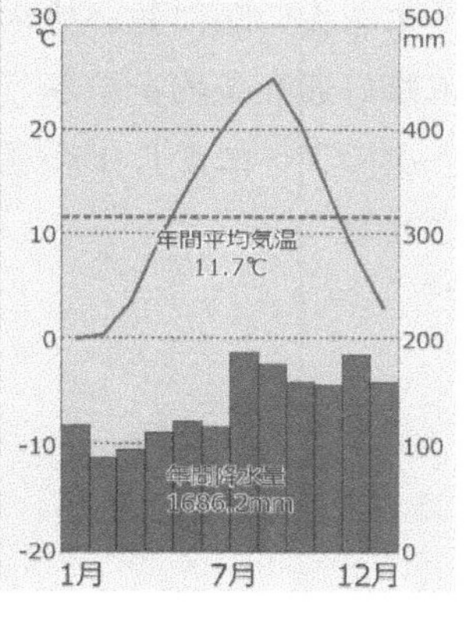

ウ

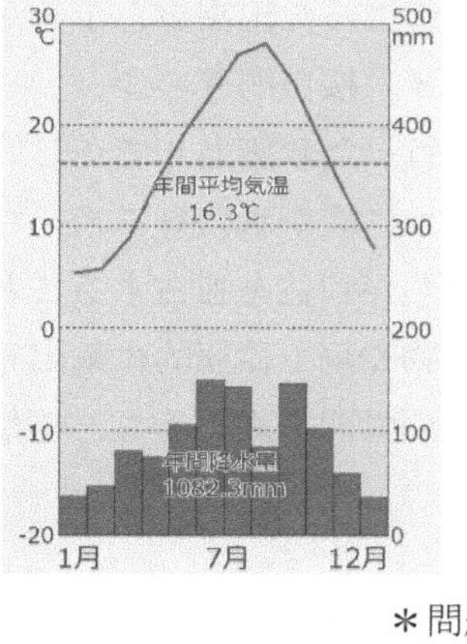

エ

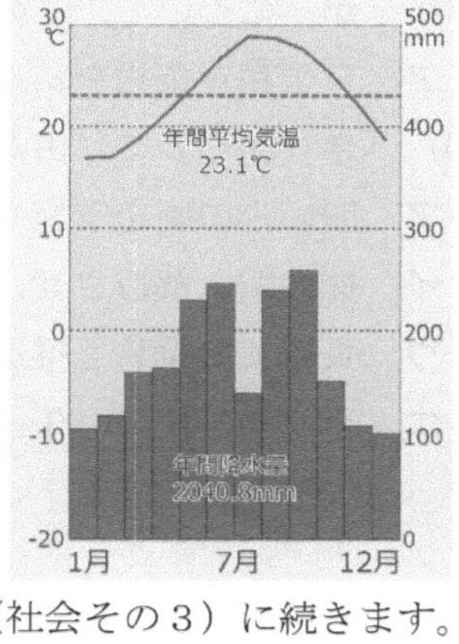

＊問題は（社会その３）に続きます。

７　この地形図上の「文化会館」の隣にあるは，2002 年に新しく生まれた，「図書館」を表す地図記号です。地図記号は，社会の変化に合わせて新たに作られることがあります。この地形図には，「図書館」のように 2000 年代以降に生まれた地図記号が他に３種類あります。その中の１つを選び，名称を答えた上で，社会のどのような変化に合わせて作られた記号なのか，簡単に説明しなさい。

３　2024 年には，新しい紙幣が発行される予定になっています。次の表は，過去に発行された紙幣に描かれていた人物と，新しい紙幣に描かれる予定の人物をまとめたものです。これについて，後の１～６の問いに答えなさい。

発行年	１万円札	5000 円札	2000 円札	1000 円札
1958 年	聖徳太子	聖徳太子		聖徳太子
1963 年				⑤伊藤博文
1984 年	①福沢諭吉	③新渡戸稲造		夏目漱石
2000 年			紫式部	
2004 年		樋口一葉		野口英世
2024 年	②渋沢栄一	④津田梅子		北里柴三郎

１　下線部①福沢諭吉の著作『学問のすすめ』には，はじめに「天は人の上に人を造らず，人の下に人を造らず」という文があります。この文は，明治の時代になって日本の社会で重視されるようになった，ものの考え方や価値観を示しているとされています。その考え方を，漢字２字で答えなさい。

２　下線部②渋沢栄一は，大蔵省の役人として日本初の銀行の設立に関わり，「日本資本主義の父」と呼ばれています。現代の一般的な銀行の役割として誤っているものを，次の**ア**～**エ**から１つ選び，記号で答えなさい。

ア　個人の口座から，毎月の公共料金などを自動で引き落とす
イ　国民が納めた税金や社会保険料などの，政府のお金を管理する
ウ　個人や一般の企業から預かったお金を，別の個人や企業に貸し出す
エ　振り込みなどの為替（かわせ）によって，離れた場所へ送金する

３　下線部③新渡戸稲造は，現在の国際連合の前身である国際連盟の初代事務次長に選ばれ，国際平和のために力を尽くしました。国際連合の組織についての文として正しいものを，次の**ア**～**エ**から１つ選び，記号で答えなさい。

ア　日本は国際連合の中心機関である安全保障理事会の常任理事国であり，常任理事国の数を増やすように主張している
イ　安全保障理事会の常任理事国は拒否権を持ち，重要な問題については，常任理事国が１か国でも反対すると決議できない
ウ　国際連合の加盟国数は 193 か国（2021 年３月現在）で，本部はスイスのジュネーブに置かれている
エ　国際連合の専門機関の中に国連児童基金（ユニセフ）があり，世界遺産などの文化財の保護を行っている

４　下線部④津田梅子は，日本から欧米への使節団に同行して日本初の女子留学生となり，帰国後は女子教育の発展に力を尽くしました。この使節団を答えなさい。

５　下線部⑤伊藤博文は，憲法の制定に力を尽くし，４度にわたって内閣総理大臣を務めるなど，日本の近代化に貢献しました。現代の内閣の仕事について述べたものとして誤っているものを，次の**ア**～**エ**から１つ選び，記号で答えなさい。

ア　法律や予算にもとづいて政治を行う
イ　予算案や法律案を作って国会に提出する
ウ　天皇の国事行為に対して助言と承認を行う
エ　法に基づいて争いごとを裁く

６　私たちの社会では，ものとものを交換するときに紙幣などの貨幣を交換手段として使用しています。物々交換ではなく，貨幣を使って売買することには、どのような利点があるか，「価値」「基準」という語句を使って簡単に説明しなさい。

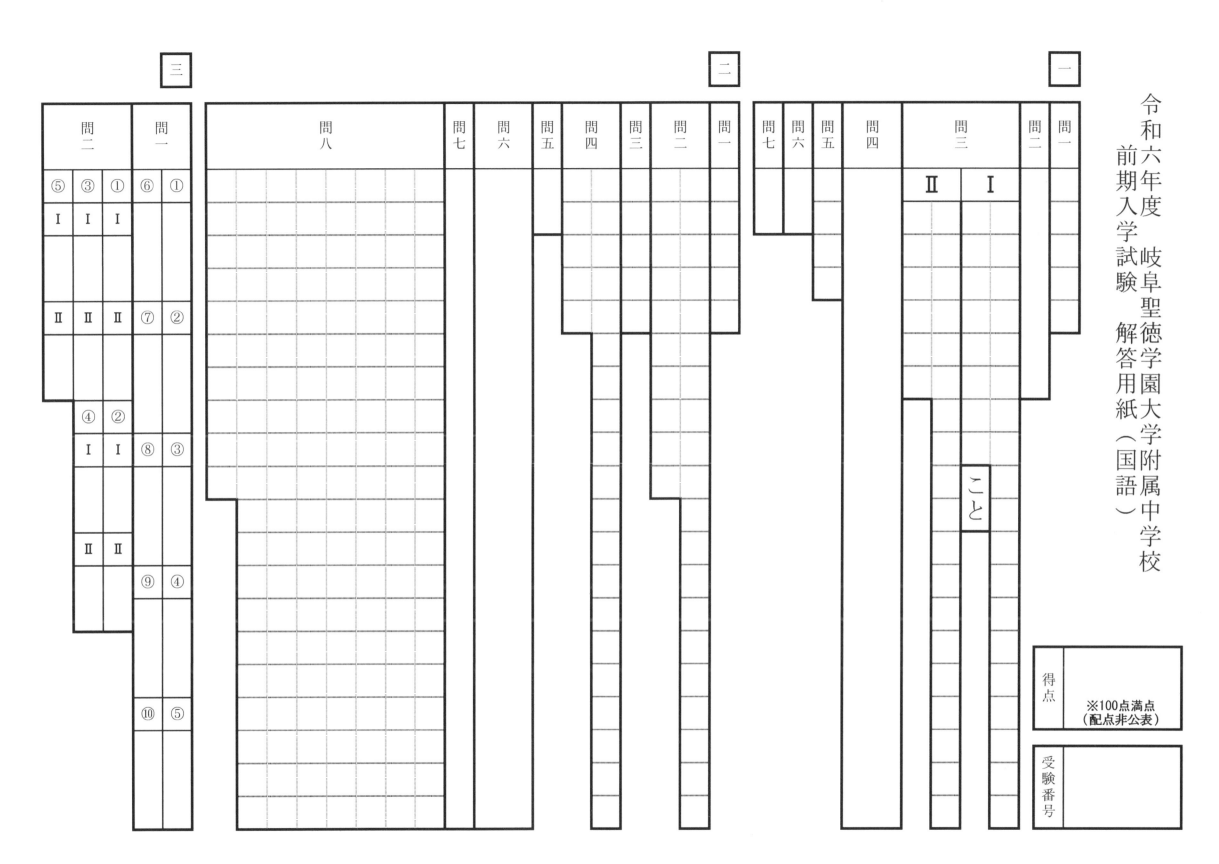

令和六年度　岐阜聖徳学園大学附属中学校
前期入学試験　解答用紙（国語）

得点　※100点満点（配点非公表）

受験番号

一

問一

問二

問三　Ⅰ　こと　Ⅱ

問四

問五

問六

問七

二

問一

問二

問三

問四

問五

問六

問七

問八

三

問一　①　②　③　④　⑤　⑥　⑦　⑧　⑨　⑩

問二　①Ⅰ　Ⅱ　②Ⅰ　Ⅱ　③Ⅰ　Ⅱ　④Ⅰ　Ⅱ　⑤Ⅰ　Ⅱ

令和６年度　岐阜聖徳学園大学附属中学校　前期入学試験　解答用紙　理科

受験番号

得点　※50点満点（配点非公表）

1	1			
	2			
	3	（1）		
		（2）		
	4	（1）		
		（2）		℃
		（3）		
	5			
	6	（1）		
		（2）	①	L
			②	周
	7			
	8			
	9			
2	1			%
	2			
	3			
	4			
	5			
	6			
	7			

令和６年度　岐阜聖徳学園大学附属中学校　前期入学試験　　解答用紙（社会）

受験番号	得点 ※50点満点 （配点非公表）

1	1	A	B	C
	2	３番目	５番目	７番目
	3	（１）		
		（２）		
		（３）	（４）	
		（５）	（６）	
		（７）		
		（８）	（９）　→　→　→	(10)

2	1		
	2		
	3		
	4		
	5		
	6	記号	理由
	7	名称	社会の変化

3	1	
	2	
	3	
	4	
	5	
	6	

令和五年度　岐阜聖徳学園大学附属中学校　前期入学試験　問題用紙　（国語その一）

（字数にはすべて、「、」「。」「「」」をふくみます。答えはすべて解答用紙に記入しなさい。）

一　次の文章を読んで、後の問いに答えなさい。

日本人は木とともに文化を作りあげてきた。日本列島の山々は木々に覆われ、緑にあふれた風景が広がっているが、これらの森林のめぐみを※1享受することで、木の文化ははぐくまれてきたと言っても過言ではない。世界最古の木造建築である法隆寺金堂をはじめ、前近代の建物のほとんどが木で造られてきたことはその証しのひとつといえる。また、木とともに歩んだ長い歴史のなかで、身近な生活道具から美術工芸品に至るまで、木を扱う知識と高い技術を蓄積してきており、①世界に誇るべき日本の文化である。

［A］現代の日本、とくに都市部では鉄やコンクリートのビルやマンションが林立し、人びとは屋外を見るにもガラスの窓越し、室内を見わたしてもプラスチック製品に囲まれ、化学繊維の衣服を身にまとっている。日常生活と森や木との距離が離れているため、森林のめぐみを実感しにくいかもしれない。とはいえ、春にはサクラ、秋にはモミジと、木々の告げる季節の移ろいは私たちの感性に息づいている。言葉をみても、（　あ　）を「木に竹を接ぐ」と表現したり、ハレの舞台を「檜舞台」といったりする。このように木々は今なお生活の中に溶け込んでおり、単なる物質的な存在意識を超越して、日本の文化に深く根付いているのである。

日本では木々に限らず、そこに生きる動植物、落葉、山菜に至るまで、森の恵みを享受してきた。さらに、保水・防風・気象緩和機能など、②森林は人間に適した環境を構築する一翼を担っており、目に見えない恩恵は計り知れない。陰に日向に、森や木は生活に密着した存在であり続けているのである。

もちろん洋の東西を問わず、人類が森林のめぐみを享受してきたことは間違いない。「（　い　）の文化」の東洋に対して、「（　う　）の文化」の西洋と対比的に語られることも少なくないが、③実は西洋においても木材は各所で用いられている（ヨアヒム・ラートカウ『木材と文明』）。奇しくも二〇一九年四月の火災によって、パリのノートルダム大聖堂の屋根が木造であったことが広く知られるようになったが、軽くて丈夫で、さらに加工しやすい木材は建材として重宝されたのである。これは特殊な事例ではなく、北欧、東欧、スペイン・フランス境のバスク地方など、ヨーロッパ各地に伝統的な木造軸組構法の建築物が現代にも数多く受け継がれている。なかにはバスク地方の一部の木造教会のように、木を用いながらも石造のようにみせた建築も点在している。そこでは石の目まで精巧に描いて柱を大理石にみせたり、石の継ぎ目を表現して石造の尖塔アーチのようにみせたりしており、その希望や熱意は※2驚愕に値する。木目の美しさや温もりなどを生かす日本では思いもよらない独特の※3嗜好性を示しており、興味深い。

［B］建築に限らず、酒樽や家具などの生活用具をはじめ、大航海時代に大海原を駆けた帆船も木造であったし、西洋絵画にも祭壇画や宗教画の板絵はもちろん、布地のキャンバス画にも木製の額縁が用いられている。この額縁づくりにも工夫が凝らされ、荘厳なバロック調のルイ一四世様式、そして貝殻や宝石をモチーフとしたロココ調のルイ一五世様式、革命後の直線的なアンピール様式など、額縁も多彩な文化を紡ぎあげ、絵画とともに継承されている。楽器を見ても、一七～一八世紀に作られたストラディバリウスのバイオリンは改造や補修を経ながら大切に継承されており、その音色は今も世界中の人びとを魅了している。このように西洋においても木は身近な材料で、豊かな文化を築きあげ、継承してきたのである。

［C］西洋の木の文化に話がそれたが、これと比べても、東洋、とりわけ日本の木とともに歩んできた歴史は重厚である。日本建築を例にとると、柱・梁などの構造材は当然として、扉や板壁などの柱間装置、そして檜皮葺や板葺のように屋根の葺材にまで、植物性の材料が使われる。とくに住宅では建具でも紙を張った明障子を用いることが多く、日本の伝統建築は木と紙でできていると※4揶揄されることさえある。さらに、茶室や数寄屋では、木の樹種や木目はもちろん、節の位置にまでこだわって材の選択に心を配っている。船・家具などの型の木製品、農耕具・桶・箸などの道具にも木材の使用はみられるが、まさに日本の伝統建築は木の文化の象徴的存在といえよう。

（本文は、海野聡『森と木と建築の日本史』岩波新書によります。なお、設問の都合で一部原文を省略・変更したところがあります。）

※1　享受……そのものの持つ良さを味わったり、受け入れたりして、自分の精神生活を豊かにすること
※2　驚愕……「非常に驚くこと」の意の漢語的表現
※3　嗜好性…ここでは、好みの特性のこと
※4　揶揄……「皮肉を言ってからかうこと」の意の漢語的表現

＊問題は（国語その二）に続きます。

令和五年度　岐阜聖徳学園大学附属中学校　前期入学試験　問題用紙　（国語その二）

（字数にはすべて「、」「。」「「」」をふくみます。答えはすべて解答用紙に記入しなさい。）

問一　――線部①「世界に誇るべき日本の文化」と言えるのはなぜですか。本文中の言葉を用いて七十字以内で答えなさい。

問二　［A］～［C］にあてはまる言葉を、次の**ア**～**エ**からそれぞれ一つずつ選び、記号で答えなさい。

ア　ところで　**イ**　また　**ウ**　いっぽうで　**エ**　さて

問三　（　**あ**　）には、「木に竹を接ぐ」の意味が入ります。意味としてふさわしいものを次の**ア**～**エ**から一つ選び、記号で答えなさい。

ア　ぴったりな状態　**イ**　ちぐはぐな状態

ウ　取るに足らない状態　**エ**　見栄えのよい状態

問四　――線部②「森林は人間に適した環境を構築する一翼を担っており、目に見えない恩恵は計り知れない」とありますが、その具体的な事例として考えられることを、次の**ア**～**エ**から**すべて**選び、記号で答えなさい。

ア　森林には、様々な動植物が存在しており、森林を守ることは、生態系を守ることにもつながっている

イ　近年、温室効果ガスの増加による地球温暖化が問題になっているが、森林には二酸化炭素を吸収する働きがあるので、地球温暖化を抑える作用がある

ウ　秋には紅葉、冬には雪景色のように、木々の告げる四季の移ろいは、四季の変化を端的に表している

エ　森林に降った雨は、地下へとしみこむことで川の水の量を一定に保つことができたり、浄化されて私たちの飲み水になったりしている

問五　（　**い**　）（　**う**　）にあてはまる言葉を本文中から漢字一字でぬき出しなさい。

問六　――線部③「実は西洋においても木材は各所で用いられている」について、次の各問いに答えなさい。

Ⅰ　「西洋においても木材は各所で用いられている」のはなぜですか。三十五字以内で説明しなさい。

Ⅱ　日本と西洋の木の用い方の違いを本文中の言葉を用いて答えなさい。なお、「日本では～に対して、西洋では～」という形で説明すること。

問七　本文中には、「現代の日本では、室内を見渡してもプラスチック製品に囲まれ、化学繊維の衣服を身にまとっている」ことが触れられていましたが、最近では原料を木材や紙に変更することで環境に優しい取り組みがなされるようになってきました。あなたの身の回りでプラスチック製品に変えて木や紙が用いられるようになった事例を挙げ、それによってもたらされる効果について書きなさい。ただし、次の条件をよく読んでから書くこと。

・段落はもうけず、一文字目から書き始める
・百字以内で書く
・具体例と効果を必ず書く

二　次の文章を読んで後の問いに答えなさい。

> 小学五年生の宇佐子は、耳の良い女の子。耳が良すぎるあまり、美しい音色はもちろん、人間関係の不協和音にまで敏感に反応してしまう。そんな宇佐子は、転校生のミキちゃんを仲間外れにするクラスの雰囲気に傷つき、学校へ行けない日が続いていた。

宇佐子が学校に登校したのは①いよいよ夏休みになるという終業式の日だ。通知表を貰うと学校は終わりだった。一年生は朝顔の鉢を家に持って帰らなければならないので、家からお迎えのお母さんやお姉さんが来た。朝顔の鉢にはもう花が三つ四つと付いているのもあって、一年生の小さな体では持ち帰れないのである。二年生はヘチマの鉢植えを小さな身体で抱き抱えるようにして帰っていった。

家に帰った宇佐子が通知表を見ているお母さんのそばでご飯を食べていると、玄関で誰かが宇佐子を呼んでいた。宇佐子より先に、通知表を眺めていたお母さんが気付いた。顔を上げたお母さんが耳を澄ます。表ではなんの音もしない。けれども、その次ははっきり、

「宇佐子ちゃん、宇佐子ちゃん、遊ぼう」という声が、お母さんにも宇佐子にも聞こえた。宇佐子が立つより先に、お母さんが玄関へ行った。

「今。ご飯を食べているところなの。あなたはご飯を食べた？」

②そう言っているお母さんの声が聞こえた。玄関にいるのはミキちゃんだと宇佐子にも解った。お箸を置いた宇佐子だが、口の中にはまだ海苔とご飯が残っている。大急ぎで口をもぐもぐさせてご飯を飲み込もうとするが、急げば急ぐほど口の中のご飯は飲み込めるような大きさにはならなかった。むりに飲み込もうとすると喉につかえそうだ。

＊問題は（国語その三）に続きます。

令和五年度　岐阜聖徳学園大学附属中学校　前期入学試験　問題用紙　（国語その三）

（字数にはすべて「、」「。」「「」「」」をふくみます。答えはすべて解答用紙に記入しなさい。）

　宇佐子はコップの水を飲む。口の中でつぶつぶしているご飯をコップの水で喉に流し込んだ。お母さんとミキちゃんに、あまり長く話をさせたくなかった。お母さんはミキちゃんに言わなくてもいいことを、言いそうな気がしたからだ。学校の保護者会でミキちゃんのことが話題になったのも、宇佐子はお母さんから聞いて知っていた。でも、ミキちゃんはお母さんたちが気にしているようなことは気にしていないのを宇佐子は知っていた。

　お水を飲み終わっても口をまだもぐもぐさせている宇佐子だった。

「ミキちゃん」

　玄関に出て、宇佐子はそう言った。それからまた口をもぐもぐさせた。ミキちゃんはクラリネットの入った黒いナイロンケースを肩から下げていた。

　この初めて見る女の子がミキちゃんなのかとお母さんは思った。そう思って見るせいか口許や目元あたりに、同年齢の他の子には見られないような陰りがある。応対もしっかりしていて感心だけれども、なんとなく、それが近寄りがたい感じを漂わせている。③宇佐子はお母さんがミキちゃんに特別な関心を持ったのがすぐに解った。だから余計にあわててしまって、何を言ったらいいのか困ってしまった。

「まだご飯を食べている途中なの。もうご飯を済ませてきたのなら、ちょっと上がってジュースでも飲まない」

　お母さんがそう言った。お母さんがミキちゃんに関心を持ったことを気配で知った宇佐子は何か言おうとして言葉も浮かばないまま口を開いた。

「あのさ、あのね。あの、あの」

　あわてている宇佐子を、ミキちゃんは笑って見ていた。④ミキちゃんの瞳がいたずらっぽく動いた。

「一緒に音楽教室に行こうって約束したんです。ね、宇佐子ちゃん」

　そんな約束なんてしていなかった。宇佐子は驚いてしまい、「あの」とも言うことができなくなって、口をぱっくり開けた。

「そうなの。だったら、急がないといけないのかしら」

「いえ、まだ大丈夫です。時間には余裕がありますから。宇佐子ちゃんがご飯を食べ終わるまでここで待っていてもいいですか」

　口を開けて宇佐子が一息に言った。

「ご飯ならもう食べ終わったところなの」

　宇佐子の口はまだもごもご動いていた。

「すぐに行くようにするからちょっと待っていてね」

　宇佐子は自分の部屋へ階段を駆け上がった。ミキちゃんがお母さんと話をしてはいけないという理由はどこにもないのだけれども、宇佐子はなぜかあまり長くお母さんとミキちゃんを会わせておきたくなかった。

　階段を駆け上がってはみたけれども、さて、自分の部屋に何か用事があるかというと、特別には何もなかった。音楽教室に行くという約束そのものがもともとなかったのだから何を用意したらいいかも解らない。

　宇佐子がそうしている間にも、階段の下からお母さんとミキちゃんの話す声が聞こえてきた。何を話しているのかは解らないが、⑤ミキちゃんに聞いてはいけないことを、お母さんは聞き出そうとしているようで、宇佐子ははらはらした。大人は話したくないことを聞き出すのが上手い。自分の部屋を見回していた宇佐子は、麦わら帽子を摑んだ。そして帽子を被ると大急ぎで階段を降りた。

　昨日まで学校を休んでいたことも、微熱のある日が続いたことも、あんまり学校を休みすぎたから、夏休みになっても外では遊べないと思っていたことも、すっかり忘れていた。階段を駆け下りた宇佐子はお母さんの前を擦り抜けた。靴の踵をふんだまま、

「それじゃあ、行ってきます」

　と言った。言うが早いか、もうミキちゃんの手を握って、玄関の外に飛び出していた。あっと言うまに、宇佐子は家を飛び出したのだ。表の通りに出ると、ミキちゃんが、

「さすがはうさぎだ」

　と感心したように言った。今日が何日なのかを忘れるように忙しく働いている大人はなんとも感じないかもしれないが、子どもにとって夏休みが始まった日の午後は、空気もいつもとは違う。広々しているのである。この世界はこんなにおおきかったのかと驚きたくなるほど、広い世界が四十日間の休暇の入り口に広がっていた。

　通りは、午後の日盛りで人影もない。猫が一匹くったりとした様子で生け垣の下の日陰で体を伸ばして昼寝をしていた。宇佐子たちが通りかかるまではなんとも無防備な寝顔を晒していた猫だが、女の子ふたりの足音を聞くと目を開き、もの憂そうに、焼けたアスファルトの上を歩いて行く女の子ふたりを眺めていた。首をちょっと傾げて宇佐子とミキちゃんを見てから、⑥おもむろに身体を起こした。昼寝を中断されて迷惑そうだった。

＊問題は（国語その四）に続きます。

令和五年度　岐阜聖徳学園大学附属中学校　前期入学試験　問題用紙　（国語その四）

（字数にはすべて　、　。　「　」　をふくみます。答えはすべて解答用紙に記入しなさい。）

ミキちゃんは元気よく歩いて行く。

とんでもない熱気の中を悠然と歩いて行く。アスファルトから立ち上る熱気で空気が揺らいでいるのも、ミキちゃんにはたいして気にならないらしい。宇佐子は帽子を被っていたけれども、ミキちゃんは帽子を被っていなかった。広い夏休みの中に泳ぎ出すように歩いていた。しかし、どこへ行くのだろう。道はもう下り始めていた。駅前の楽器店に行くなら、どこかで道を左に折れなければならない

宇佐子は急ぎ足になった。それでもまだ足りなかったので駆け足になる。ミキちゃんが後ろを振り返ったのは宇佐子が駆け足になった時だった。

「音楽教室に行くんじゃなかったの」

宇佐子が聞いた。

「そうなんだけど、まだ早いんだ」

ミキちゃんが言った。

「それでね。この坂を下って、また登ったところに公園があるの。そこに行こうと思ったんだ」

そのあたりはもう宇佐子たちが通う小学校の学区を出ていたので、そう言われても宇佐子はただ「へぇ」と思うばかりだ。宇佐子が何も答えないうちにまたミキちゃんはすたすたと歩き出した。坂を下って登って、ミキちゃんの言う公園は、住宅街が開けたなだらかな斜面の中腹にあった。今ではどこもかしこも人の家で埋め尽くされているけれども、あたり一帯は広々とした平野が波打つように起伏を繰り返している土地だ。斜面にある公園は三段に別れていた。ミキちゃんと宇佐子は三段に別れた公園の一番上の段に立った。そこから見ると、そのあたり一帯の地形が手にとるように眺められた。家々が建て込んでいるけれども、等しく降り注ぐ夏の光が波打つ土地を明るく照らしていた。

「ほう」

⑦宇佐子はその開けた眺めに思わず感嘆（※1かんたん）の声を上げた。こんなに眺めの良い場所があるなんて知らなかった。夏の光に照らされた家々には病気の人もいるかもしれない。泣いている人もいるかもしれない。テレビを見ている人もいるかもしれない。怒っている人もいるかもしれないし、笑っている人もいるだろう。電話でお喋りをしっているおばさんや、パソコンを叩いているおじさんがいる。テレビゲームに夢中の子どもがいる。夏の光が注ぐなかで、こんなに広がった波打つ土地のほんの一点であることも知らないで、それぞれが自分のことに夢中になっているその音が、宇佐子の耳に響いてくる。いろんな音が混じり合った低い唸りのような街の音は、明るい光に溶け合って、不協和音のようでありながら、音としてはちゃんとひとまとまりであった。まばゆい光は、街の音をなだらかに溶け合わせていた。「ほう」と感心した宇佐子にミキちゃんは満足そうだった。

（本文は、中沢（なかざわ）けい『うさぎとトランペット』新潮文庫刊によります。なお、設問の都合で一部原文を省略・変更したところがあります。）

※1　感嘆…よくやったものだと感心すること

問一　――線部①「いよいよ夏休みになるという終業式の日だ」とありますが、本文中、終業式の午後の、子どもたちにとっての特別感を表現した連続する三文をさがし、はじめの五字を答えなさい。

問二　――線部②「そう言っているお母さんの声が聞こえた」とありますが、お母さんは初めて会ったミキちゃんに対してどのような印象を持ちましたか。それがわかる連続する二文をさがし、はじめの五字を答えなさい。

問三　――線部③「宇佐子はお母さんがミキちゃんに～何を言ったらいいのか困ってしまった」とありますが、お母さんがミキちゃんに特別な関心を持つことで、宇佐子があわてているのはなぜですか。本文中の言葉を用いて、三十字以内で答えなさい。

問四　――線部④「ミキちゃんの瞳がいたずらっぽく動いた」とありますが、この時のミキちゃんの気持ちとしてふさわしいものを次の**ア**～**エ**から一つ選び、記号で答えなさい。

ア　宇佐子が困っているの見て、さらに困らせようとたくらんでいる
イ　宇佐子と自分の関係をお母さんに見抜かれないようにしている
ウ　あわてている宇佐子を見て、助けようと知恵を働かせている
エ　宇佐子の気持ちも考えずうそをついて無理に誘い出そうとしている

問五　――線部⑤「ミキちゃんに聞いてはいけないことを、お母さんは聞き出そうとしているようではらはらした」とありますが、宇佐子の考える「ミキちゃんに聞いてはいけないこと」とは、例えばどのようなことだと考えられますか。本文中の内容から想像して答えなさい。

問六　――線部⑥「おもむろに」とありますが、「おもむろに」の意味としてふさわしいものを次の**ア**～**エ**から一つ選び、記号で答えなさい。

ア　ゆっくりと　**イ**　急に　**ウ**　嫌そうに　**エ**　大げさに

＊問題は（国語その五）に続きます

令和五年度　岐阜聖徳学園大学附属中学校　前期入学試験　問題用紙　（国語その五）

（字数にはすべて「、」「。」「「」」をふくみます。答えはすべて解答用紙に記入しなさい。）

問七　――線部⑦「宇佐子はその開けた眺めに思わず感嘆の声を上げた。」について、次の各問いに答えなさい。

Ⅰ　宇佐子が感嘆の声を上げたのはどのような場所でしたか。本文中の言葉を用いて、三十字以内で答えなさい。

Ⅱ　この時の宇佐子についての説明としてふさわしいものを次の**ア**～**エ**からすべて選び、記号で答えなさい。

ア　街に暮らす人々の様子に思いをはせながら、開かれた世界を身体全体で感じている

イ　学校であった出来事や抱えていた目に見えない心の悩みが消えていく

ウ　嘘をついてまでこの場所に自分を連れてきたミキちゃんに対して疑問を抱いている

エ　ミキちゃんと出かけることをお母さんに内緒にしてあわてて出かけた自分を情けなく思っている

三　次の各問いに答えなさい。

問一　次の①～⑩の――線部の漢字はひらがなに、カタカナは漢字に直して答えなさい。

①　病院で解熱剤をもらう。

②　潔く自分の負けを認める。

③　ゲームの細かい説明を割愛する。

④　ふるさとの情景が脳裏に浮かぶ。

⑤　ほめられて有頂天になる。

⑥　絵画作品をテンジする。

⑦　詩人としてのソシツがある。

⑧　この失敗は不注意にキインする。

⑨　誕生日会にショウタイする。

⑩　フクザツな手続きを終える。

問二　次の①～⑤の意味に当てはまる四字熟語を、あとの□の中の漢字を組み合わせて完成させなさい。

※同じ漢字を二回以上使ってはいけません。また、使用しない漢字も含まれています。

①　よく晴れ渡った天気。疑われる点が全くないこと。

②　自分に決まった考えがなく、軽々しく他人の説に従うこと。

③　いろいろさまざまに変化すること。

④　冬期、三日間ぐらい寒くて、次の四日間ぐらいが暖かい天候が繰り返されること。

⑤　何も言わずに、信じることや、やるべきことを実行すること。

青	日	温	不	実	月
三	言	変	寒	和	百
行	天	付	化	暑	万
発	雷	千	四	同	白

令和５年度　岐阜聖徳学園大学附属中学校　前期入学試験（算数その１）

(45分)（計算は問題の下のあいている部分を使い，答えは□に記入しなさい。）

受験番号

得点　※100点満点（配点非公表）

1　次の(1)～(4)の計算をしなさい。

(1)　36－18÷3

(2)　60－52÷(9－20÷4)

(3)　55×55－44×44－33×33＋11×11

(4)　$2\frac{7}{15}\div\left(1\frac{1}{4}-0.6\right)\div8\frac{7}{13}$

2　次の(1)～(6)の問いに答えなさい。

(1)　6 *cm* のリボン 15 本をのりしろ 2 *cm* でつないで 1 本にします。このリボンの長さは何 *cm* になるか求めなさい。

cm

(2)　次の式の□の中には同じ数字が入ります。□にあてはまる数字を求めなさい。

$$\frac{□}{5}-\frac{9}{20}=\frac{□}{20}$$

(3)　A 小学校は 45 分ごとにチャイムが鳴り，B 中学校は 50 分ごとにチャイムが鳴ります。午前 8 時 30 分に同時に鳴ったとき，次に同時に鳴るのは何時何分か求めなさい。ただし，(　)には午前，午後を書きなさい。

(　　)　　時　　分

(4)　下の図のしゃ線部分の面積は何 cm^2 か求めなさい。ただし，辺 AC と辺 DF は平行とします。

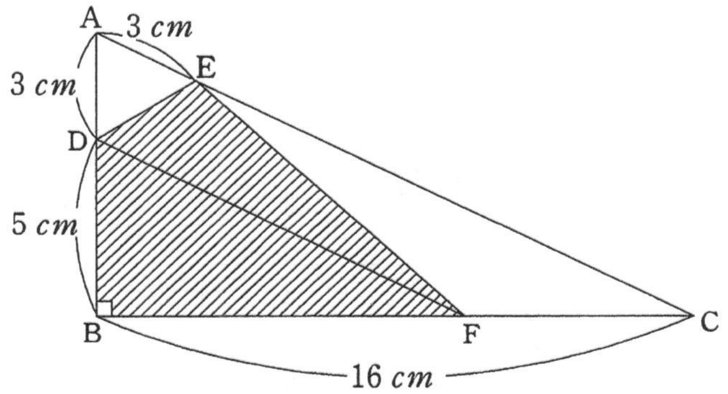

cm^2

(5)　下の立体は，半径 4 *cm* で高さ 8 *cm* の円柱から，半径 2 *cm* で高さ 6 *cm* の円柱をくりぬいたものです。この立体の表面の面積は何 cm^2 か求めなさい。 ただし，円周率は 3.14 とします。

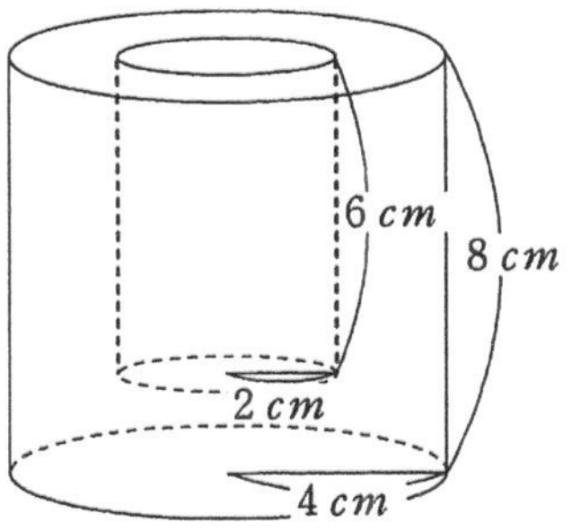

cm^2

(6)　赤，青，黄の 3 色の色えんぴつがあります。下の図の(ア)～(ウ)のすべてに色をぬるとき，何通りのぬり方があるか求めなさい。ただし，となり合うところは違う色でぬるようにし，使わない色があってもよいこととします。

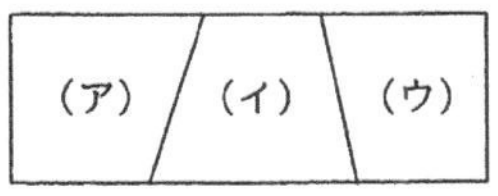

通り

＊問題は（算数その２）に続きます。

令和５年度　岐阜聖徳学園大学附属中学校　前期入学試験（算数その２）
（計算は問題の下のあいている部分を使い，答えは［　　］に記入しなさい。）

受験番号

3　下の図は，辺 AC は 15 cm，辺 BC は 9 cm，角 B が 90° の直角三角形 ABC です。点 P は直角三角形の辺上を点 B から点 A まで点 C を通って，一定の速さで動きます。

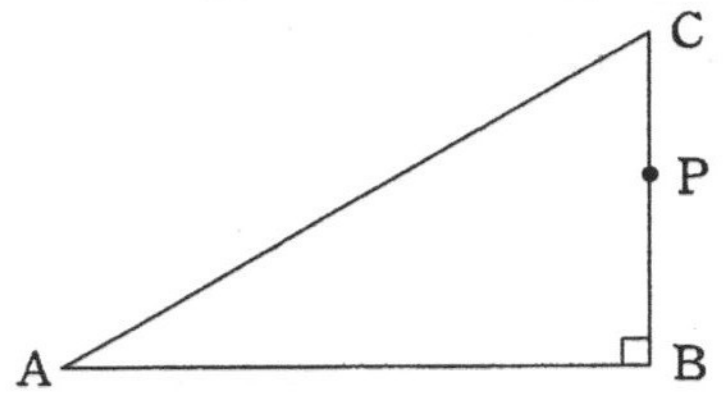

下のグラフは，点 P が点 B を出発してからの時間と三角形 ABP の面積の関係を表しています。
このとき，次の (1) ～ (4) の問いに答えなさい。

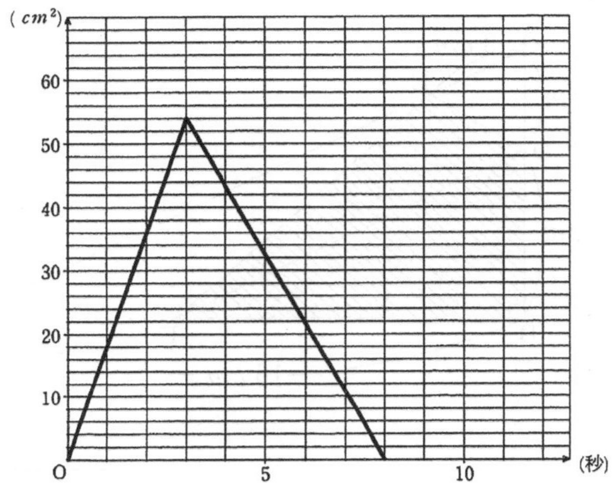

(1)　点 P の速さは秒速何 cm か求めなさい。

秒速　　　cm

(2)　辺 AB の長さは何 cm か求めなさい。

cm

(3)　点 P が出発して 6 秒後の三角形 ABP の面積は何 cm^2 か求めなさい。

cm^2

(4)　三角形 ABP の面積が，三角形 ABC の面積の $\frac{1}{3}$ になるときが 2 回あります。それは点 P が出発してから何秒後と何秒後か求めなさい。

秒後　と　　　秒後

4　原価 1000 円の商品を 100 個仕入れて，1 個あたり原価の 5 割の利益を見こんで定価をつけました。なかなか売れなかったので，20 個売れたところで定価の 10 %引きで販売したところ，40 個売れました。その後，さらに値引きして完売しました。ただし，消費税は考えないものとします。
このとき，次の (1) ～ (3) の問いに答えなさい。

(1)　この商品 1 個の定価は何円か求めなさい。

円

(2)　定価の 10 %引きは何円か求めなさい。

円

(3)　完売したときに 20000 円の利益がありました。最後に値引きした値段は定価の何%引きか求めなさい。

%引き

5　下の図のように，自然数がある規則にしたがって並んでいます。
このとき，次の (1) ～ (3) の問いに答えなさい。

1 段目					1				
2 段目				1		1			
3 段目			1		2		1		
4 段目		1		3		3		1	
5 段目	1		4		6		4		1
⋮					⋮				

(1)　8 段目の左から 2 番目にある数を求めなさい。

(2)　11 段目の真ん中の数を求めなさい。

(3)　ある段のすべての数をたすと 8192 になりました。それは何段目か求めなさい。

段目

（30分）

（答えはすべて解答用紙に記入しなさい。）

1　次の文章を読み，１～10 の問いに答えなさい。

地球の環境の中では，炭素は常に移動しています。大気中では，ある気体として，生物中では，体をつくる材料として存在しています。**図１**は，炭素がどれくらい移動しているのかを（　）内の数値で表したものです。また，右の**表**は，図中のそれぞれにおける現在の存在量を数値で表したものです。**図１**および**表**の数値は，１年間に海の表層が吸収する炭素の量を 100 として比べたものです。

図１

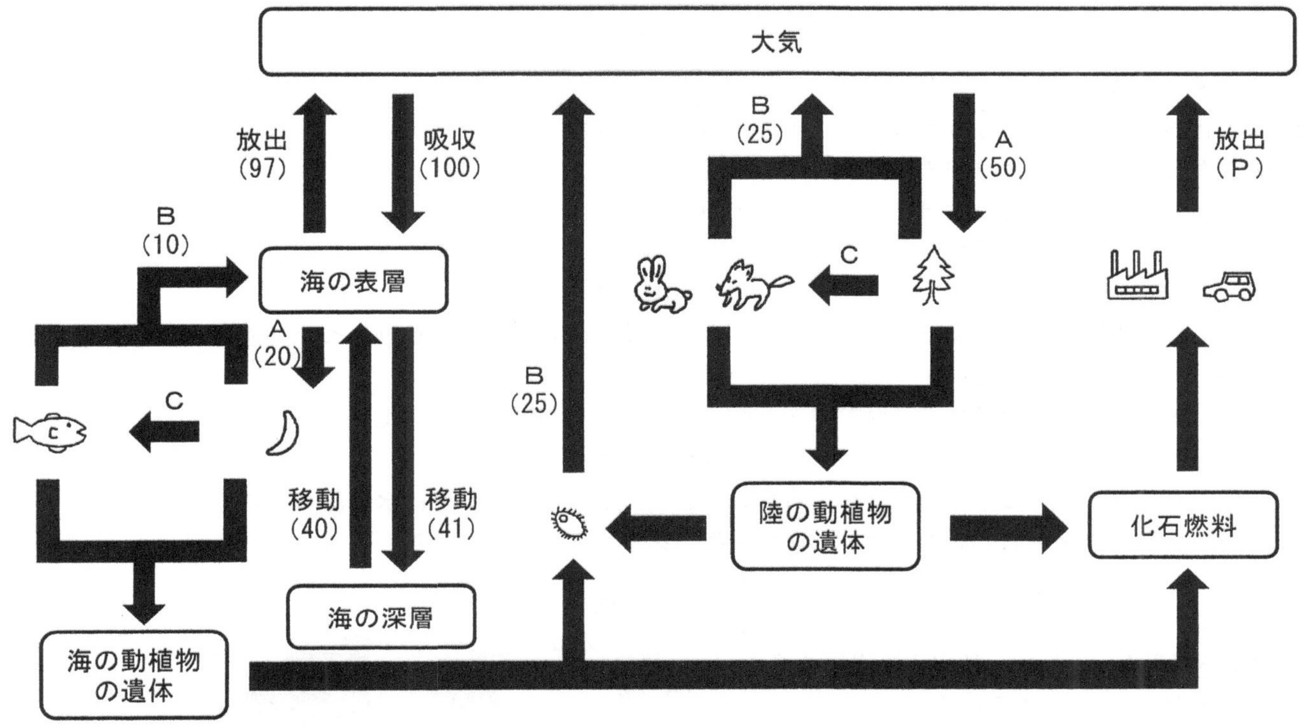

表

大気	700
海の表層	500
海の深層	34500
陸の動植物の遺体	700
海の動植物の遺体	600
陸の植物	600
陸の動物	1
植物プランクトン	2
動物プランクトン 海の動物	2
陸や海の微生物	
工業 輸送	
化石燃料	10000

海は，大気中の炭素の量を調節する役割をもっており，大気中に炭素がふえると，より多くの炭素を吸収するようになります。**図１**中の「化石燃料」とは，大昔の生物の遺体が長い年月をかけて変化したと考えられているもので，石油や石炭，天然ガスなどのことです。

１　炭素は，大気中ではある１種類の気体として存在しているものがほとんどです。

（１）その気体の名称を答えなさい。

（２）（１）で答えた気体の存在を確認する方法を１つ挙げ，存在する場合にどのような結果が得られるかも簡潔に説明しなさい。ただし，気体検知管や気体センサーは使用しないものとします。

（３）**図１**中に示されるように，（１）で答えた気体は，海水などにもとけることができます。この気体がとけた水の性質について述べた次の**ア**～**オ**から正しいもの１つ選び，記号で答えなさい。

ア　強い酸性である　**イ**　弱い酸性である　**ウ**　中性である　**エ**　弱いアルカリ性である　**オ**　強いアルカリ性である

２　**図１**中の**A**および**B**のはたらきの名称をそれぞれ答えなさい。

３　**図１**中の**C**のように，「食べる」「食べられる」の関係による生物どうしのつながりの名称を答えなさい。

４　海の表層と深層について，表層水は，北大西洋や南極海で海の深いところへ流れ込み，深層水になると考えられています。

（１）なぜ，北大西洋や南極海などの極地に近い海で，海水が深いところへ沈むのかを，「温度」という語句を必ず用いて簡潔に説明しなさい。

（２）海水は平均して約 3.5％の塩分がとけています。塩分がとけた水について，次の①，②のような事実があります。

①　塩分が多くとけている水は，塩分が少ない水に比べて重くなる。
②　塩分がとけている水を冷やしていくと，氷になるときに，塩分を追い出して水だけ凍るため，まわりの水の塩分がより多くなる。

①，②より，北大西洋や南極海などの極地に近い海で，海水が深いところへ沈むもうひとつの理由を，簡潔に説明しなさい。

５　陸の動植物を中心とした炭素の移動について述べた次の**ア**～**エ**から正しいものを１つ選び，記号で答えなさい。ただし，陸の動植物にふくまれる炭素の存在量は，**表**のまま変化しないものとします。

ア　陸の植物がもつ炭素量は，陸の動物がもつ炭素量の２倍である

イ　陸の動植物のはたらきにより，大気中の炭素量は増加している

ウ　陸の動植物と陸の微生物による**B**で放出される炭素量と，陸の植物が**A**で吸収する炭素量は等しい

エ　陸の動植物の遺体にふくまれる炭素量が変化しないとすれば，それらが化石燃料へ変化する量は，25 より少ない

＊問題は（理科その２）に続きます。

6　海の動植物を中心とした炭素の移動について述べた次の**ア〜エ**から**あやまっているもの**を１つ選び，記号で答えなさい。ただし，海の動植物にふくまれる炭素の存在量は，**表**のまま変化しないものとします。

ア　植物プランクトンは，自分たちがもつ炭素量の 10 倍もの炭素を１年間で吸収している
イ　**B**で放出された炭素は，海の表層を通ってすべて大気中に放出されている
ウ　海の動植物の遺体にふくまれる炭素は，１年間で 10 ずつ増加する
エ　**図１**の状態が変わらず続いたとすると，海の表層にふくまれる炭素量は 10 年後に 80 減少する

7　地球の環境における炭素の移動について述べた次の**ア〜エ**から正しいものを１つ選び，記号で答えなさい。

ア　**図１**の環境の中では，炭素量が最も多いのは大気である
イ　もし，工業・輸送による化石燃料の消費がなければ，大気中の炭素量は減少する
ウ　植物・動物・微生物のはたらきにより，大気中の炭素量は増加している
エ　もし，化石燃料をすべて消費したとすると，大気中の炭素量は 12000 となる

8　**図１**中の（**P**）にあてはまると考えられる適切な数値を，次の**ア〜エ**から１つ選び，記号で答えなさい。

ア　1　　　　**イ**　2　　　　**ウ**　3　　　　**エ**　4

9　炭素だけではなく，水素も「水」などの物質として環境を移動しています。自然界における水の移動について述べた次の**ア〜エ**から**あやまっているもの**を１つ選び，記号で答えなさい。

ア　水は，太陽から受ける熱などによって，地面や海面などであたためられて水蒸気に変わり，上昇する
イ　地面であたためられて上昇した水蒸気は，温度の低い上空で冷やされて，雲をつくる
ウ　雲は水蒸気のかたまりでできており，その中で雨粒がつくられることで，地面や海面などに水が落ちてくる
エ　日本付近に接近する台風は，熱帯で発生し，北上しながら海で水蒸気を得てさらに成長する

10　日本は，2050 年までに「カーボンニュートラル」の実現に向けて取り組む方針を明らかにしています。カーボンニュートラルとは，人間が活動をするとき，大気中から吸収する炭素と，大気中へ放出する炭素の量を等しくすることで，大気中の炭素が増加しないようにすることをいいます。

（１）カーボンニュートラルの例として「バイオ燃料」があります。バイオ燃料とは，トウモロコシやサトウキビ，ダイズ油などを原料にしてつくった燃料です。これらの燃料がカーボンニュートラルであることを，**問 10** の波線部に注目して，簡潔に説明しなさい。

（２）カーボンニュートラルの実現に向けた取り組みのひとつとして，化石燃料からつくられるガソリンで走る自動車を，発電所でつくられた電気を充電して走る「電気自動車」に置きかえていくという考えがあります。**図２**を参考にしながら，日本における，電気自動車によるカーボンニュートラルの実現への取り組みについて，自分の考えを簡潔に説明しなさい。

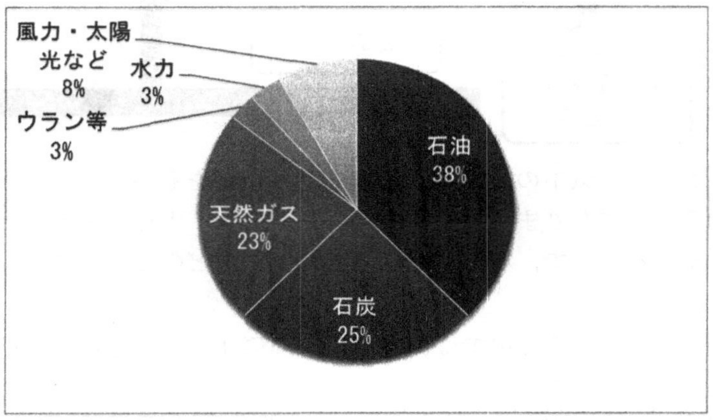

図２　日本で１年間に発電で使用されるエネルギー源の割合（%）(2018)
資源エネルギー庁ＨＰ

２　**次の文章を読み，１〜６の問いに答えなさい。**

南海トラフを震源とした地震である「**A**南海トラフ地震」については，「大規模地震（Ｍ８からＭ９クラス）は，平常時においても今後 30 年以内に発生する確率が 70 から 80%」（気象庁ホームページより）と考えられおり，警戒が必要です。地震は台風や火山噴火のような他の自然災害と異なり，その発生時期を正確に予測することが難しいのです。

地震に備えて私たちにできることとして，「防災用品」をあらかじめ準備しておくことが考えられます。防災用品にはさまざまなものがありますが，その中のいくつかについて挙げてみましょう。

まず，保存食品があります。現在，長期保存ができるさまざまな食品が防災用品として販売されています。それらの多くが，**B**乾燥した米やビスケットのようなものです。その他，長期保存できる水などもあります。災害はいつ起こるかわかりませんから，食品を常備しておくためには，長く保存できることが必要なのです。

水が手に入らなくなると，トイレや入浴についてもいつも通りにはいきません。そのため，**C**携帯トイレや体をふくためのウェットティッシュも準備しておくとよいでしょう。

季節によっては，防寒も考えておかなければなりません。毛布や**D**携帯カイロなどが必要になることもあります。

現代では，電気は不可欠なものになっています。したがって，災害時でも電気が使えるよう，携帯できるバッテリーや，太陽光電池，**E**手回し発電機などが販売され，避難先でも電気を使ったり，電気をつくりだしたりすることができます。

地震災害では，建物の壁がはがれ落ちたり，物が転倒したりして，がれきなどが散乱することがあります。そういったものを動かすためには，**F**バールも役に立ちます。

＊問題は（理科その３）に続きます。

大きな地震災害が発生しないことがいちばんよいのですが，こういった災害に対する備えとして防災用品をそろえておくことで，いざ災害が発生したときに，困ることがずっと少なくなるのです。

1　下線部Ａについて，南海トラフ地震は，海溝とよばれる，海底にある深い溝を震源とする地震です。地震には，海溝を震源とするもの以外に，陸地などの地下を震源とするものもあります。こういった地震は，岩盤が割れるときに発生しますが，このとき岩盤が割れて生じるずれの名称を答えなさい。

2　食品を長期にわたって保存する方法は，次の①～⑤のようなものが代表的です。

①　食品を乾燥させる　　　（例：干物）　　　　②　食品を冷凍する　　　（例：冷凍食品）
③　食品を加熱して密封する（例：缶詰）　　　　④　食品を塩づけにする　（例：つけ物）
⑤　食品を真空容器に入れる（例：真空パック）

これらの方法で食品を保存できる理由は，食品を腐らせる原因である細菌の活動をおさえることができるからです。細菌が活動するために必要なものには「適度な温度」「水」「空気」「養分」があり，どれか１つでも不足すると活動することができなくなります。また，食品についている細菌を殺菌し，新たに細菌がつかない状態を保つことでも食品を保存することができます。上の①～⑤の保存方法は，それぞれどのような方法が関係していますか。最も適切なものを次の**ア**～**オ**から１つずつ選び，記号で答えなさい。

ア　適度な温度にならないようにする　　　**イ**　水を不足させる
ウ　空気を不足させる　　　**エ**　養分を不足させる
オ　殺菌して新たに細菌がつかない状態を保つ

3　下線部Ｃについて，携帯トイレには，「高吸水性高分子」とよばれる物質が使われており，これにより，排泄物を吸水してかためることができます。「高吸水性高分子」は，水を大量にふくむことができるので，土に混ぜることで，植物を栽培しやすい環境に変えることができます。植物の体で水がどのように移動しているかについて述べた次の**ア**～**エ**から正しいものを１つ選び，記号で答えなさい。

ア　水は植物の根で吸収するが，葉の表面にある気孔からでも吸収することができる
イ　吸収された水は植物の茎の中にある道管を通るが，これは葉でつくられた養分の通り道と同じである
ウ　水は葉で養分をつくりだすことにも利用されている
エ　天気のよい日には，葉から蒸化という現象によって水がさかんに蒸発する

4　下線部Ｄについて，一般的によく使われている携帯カイロは「化学カイロ」とよばれ，鉄（鉄粉）と空気中の酸素が反応することで発生する熱を利用しています。鉄や酸素の性質について述べた次の**ア**～**オ**から正しいものをすべて選び，記号で答えなさい。

ア　酸素は空気よりやや重く，水にとけやすい　　　**イ**　酸素には助燃性があり，それ自身が燃える
ウ　使用後の携帯カイロの中身は磁石につかない　　　**エ**　鉄は電気や熱をよく通し，光沢がある
オ　鉄はうすい塩酸にとけ，水溶液を蒸発させると白い固体が残る

5　下線部Ｅについて，手回し発電機は，手で発電機のハンドルを回すときのエネルギーを電気のエネルギーに変える器具で，理科の実験でも使うことがあります。手回し発電機と白熱電球またはＬＥＤ電球をつないでハンドルを回す実験について述べた次の**ア**～**エ**から正しいものを１つ選び，記号で答えなさい。ただし，使用した白熱電球とＬＥＤ電球は，新品の乾電池１本とつないで光らせたとき，同じ明るさであったとします。

ア　ハンドルを回すと白熱電球は光るが，回す速さを速くしても明るさは変わらない
イ　ハンドルを回す速さが同じである場合，ＬＥＤ電球の方が白熱電球より明るい
ウ　ハンドルを回すのに必要な力は，ＬＥＤ電球の方が白熱電球より小さい
エ　ハンドルを回している時に白熱電球のフィラメントが切れて光らなくなると，ハンドルを回すのに必要な力は大きくなる

図３

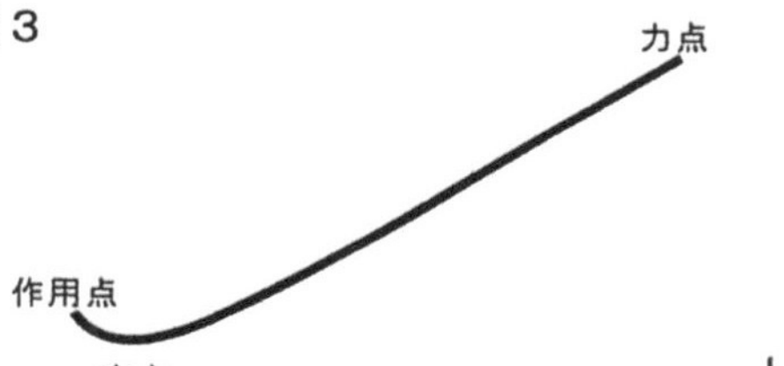

図４

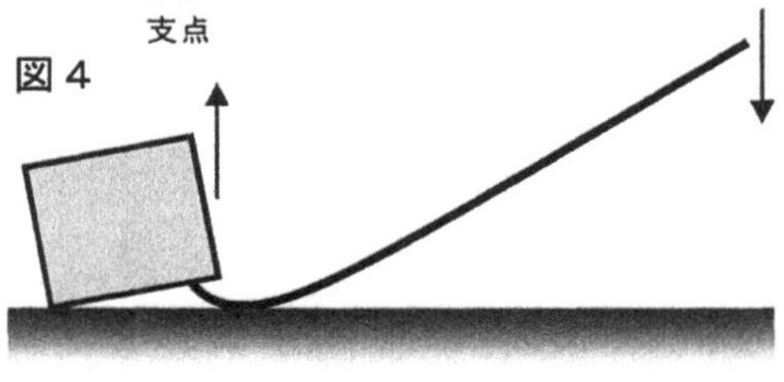

図５

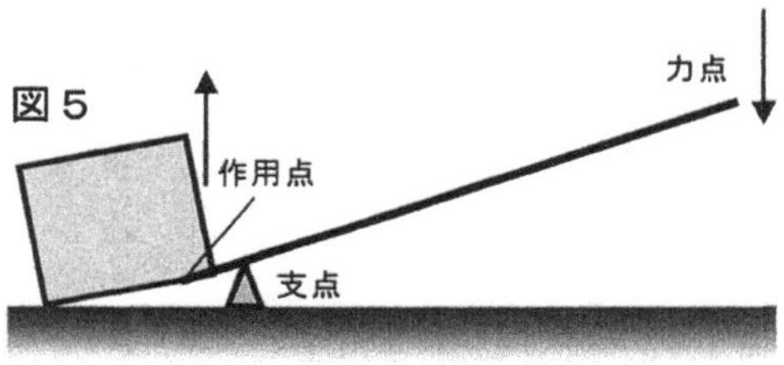

6　下線部Ｆについて，バールは，**図３**のような，てこを利用した道具です。**図４**のように，作用点である先端部をがれきなどの下にさしこんで力点に下向きの力を加えることで，100kg 以上の重い物体でも人の力で持ち上げることができます。これをわかりやすくしたものが**図５**です。ただし，

・バールの曲線部分は無視して，直線の状態で考える。
・持ち上がった物体は，地面から完全にはなれている。

とします。

（１）力点と支点の間の距離が 60cm，支点と作用点の間の距離が５cm のバールを使って，力点に 30kg の力を加えたとすると，何 kg の物体まで持ち上げることができるか答えなさい。

（２）40kg の力を力点に加えて 960kg の物体を持ち上げるために，全長が 150cm のバールを使いました。このバールの支点と作用点の間の距離は何 cm か答えなさい。

(30分)　（答えはすべて解答用紙に記入しなさい。）

1　次の**あ**～**き**の文を読んで，１～３の問いに答えなさい。

あ	都が平安京に移されると貴族が中心となって政治を行うようになり，美しく華やかな国風文化が生まれました。
い	織田信長は城下町で［　A　］を行って商人の自由な営業を認め，関所を廃止して商業と交通の発展をめざしました。
う	日本は日清戦争に続いて日露戦争に勝利し，帝国主義の傾向を強めていきました。
え	明治新政府の近代化政策によって，都市部を中心に西洋の思想や生活様式が積極的に取り入れられました。
お	［　B　］は西洋の測量技術を取り入れて正確な日本地図をつくりました。
か	幕府は鎖国政策をとり，ポルトガル船の来航を禁止し，オランダ商館を出島に移しました。
き	聖徳太子は，［　C　］天皇の摂政として，蘇我馬子と協力して天皇を中心とする国づくりを行いました。

１　［　A　］～［　C　］にあてはまる語句や人物を**漢字で**答えなさい。

２　**あ**～**き**の各文を，内容の古い文から新しい文の順に並び替えて記号で答えなさい。

３　**あ**～**き**の各文について，次の（1）～（11）の問いに答えなさい。

（1）「**あ**」について，この時代に作られた文学作品と作者の組み合わせとして正しいものを次の**ア**～**エ**から１つ選び，記号で答えなさい。

ア　『源氏物語』―紀貫之　　**イ**　『竹取物語』―雪舟　　**ウ**　『土佐日記』―紫式部　　**エ**　『枕草子』―清少納言

（2）「**あ**」について，このような文化が発達した理由を，「遣唐使」という語句を用いて説明しなさい。

（3）「**い**」について，織田信長の事業を次の**ア**～**カ**から**４つ選び**，古い順に並び替えて記号で答えなさい。

ア　明の征服をめざし，朝鮮へ出兵した　　**イ**　鉄砲を用いて長篠の戦いに勝利した

ウ　石山本願寺の跡地に城を築いた　　**エ**　桶狭間の戦いで今川義元を破った

オ　将軍を京都から追放し，室町幕府を滅ぼした　　**カ**　明智光秀の裏切りにあい，本能寺で自害した

（4）「**う**」について，日清戦争と日露戦争の間の出来事として正しいものを次の**ア**～**カ**からすべて選び，記号で答えなさい。

ア　韓国の併合　　**イ**　関税自主権の回復　　**ウ**　三国干渉

エ　ノルマントン号事件　　**オ**　八幡製鉄所の建設　　**カ**　領事裁判権の撤廃

（5）「**う**」の下線部「日露戦争」について，日露戦争の講和条約が結ばれると，日本各地で反対集会が開かれ，東京では暴動が起こりました。人々がなぜこのような行動を起こしたのか，「負担」「賠償金」の語句を用いて説明しなさい。

（6）「**う**」の下線部「日露戦争」について，右の図は当時ロシアで描かれた絵です。この絵の中で日本とロシア以外に描かれている国を明示した上で，日本にとってその国がどのような国だったのか簡潔に説明しなさい。

（7）「**え**」について，このような風潮のことを何と言いますか。漢字で答えなさい。

（8）「**え**」について，この時期の人々の生活の変化として**あやまっているもの**を次の**ア**～**エ**から１つ選び，記号で答えなさい。

ア　牛肉を食べる習慣が広がった　　**イ**　暦が太陽暦から太陰暦に改められた

ウ　人力車や馬車が走るようになった　　**エ**　都市部ではレンガ造りの建築物がつくられた

（9）「**お**」について，この時代の文化・学問として正しいものを次の**ア**～**エ**から１つ選び，記号で答えなさい。

ア　近松門左衛門は，町人のさまざまな生活をありのままに，浮世草子という小説にあらわした

イ　本居宣長が大成した国学は，上下の秩序を大切にしたので幕府や藩に重んじられた

ウ　藩校では儒学を中心とした学問が教えられ，吉田松陰の松下村塾などの私塾では読み・書き・そろばんが教えられた

エ　杉田玄白は，前野良沢らと協力して西洋の医学書を訳し，『解体新書』として発行した

(10)「**か**」の下線部「鎖国政策」について，鎖国は完全なものではなく一部の例外がありました。例外的な外交の窓口になった藩とその相手の組み合わせとして正しいものを次の**ア**～**エ**から１つ選び，記号で答えなさい。

ア　薩摩藩――清　　**イ**　松前藩――琉球王国　　**ウ**　対馬藩――朝鮮　　**エ**　肥前藩――アイヌ民族

(11)「**き**」について，聖徳太子に関して述べた文として正しいものを次の**ア**～**エ**から１つ選び，記号で答えなさい。

ア　冠位十二階を定め，有力な豪族に位を与えて上下関係を明らかにした

イ　隋の歴史書には，隋の皇帝が倭の国書を読んで怒ったことが記録されている

ウ　憲法十七条には，公地公民の原則が定められていた

エ　日本古来の宗教である仏教を大切にし，法隆寺を建立した

＊問題は（社会その２）に続きます。

（答えはすべて解答用紙に記入しなさい。）

2　次の表は，第 104 回全国高等学校野球選手権大会（夏の甲子園）で準々決勝（ベスト８）に進出した学校の組み合わせです。これを見て，１～９の問いに答えなさい。

第１試合	愛工大名電（①愛知県）―②仙台育英（宮城県）
第２試合	高松商業（　Ｘ　）―近江（③滋賀県）
第３試合	大阪桐蔭（④大阪府）―下関国際（⑤山口県）
第４試合	聖光学院（⑥福島県）―九州学院（⑦熊本県）

１　（　Ｘ　）にあてはまる県名を答えなさい。また，この県の県庁所在地の雨温図として正しいものを次の**ア～オ**から１つ選び，記号で答えなさい。

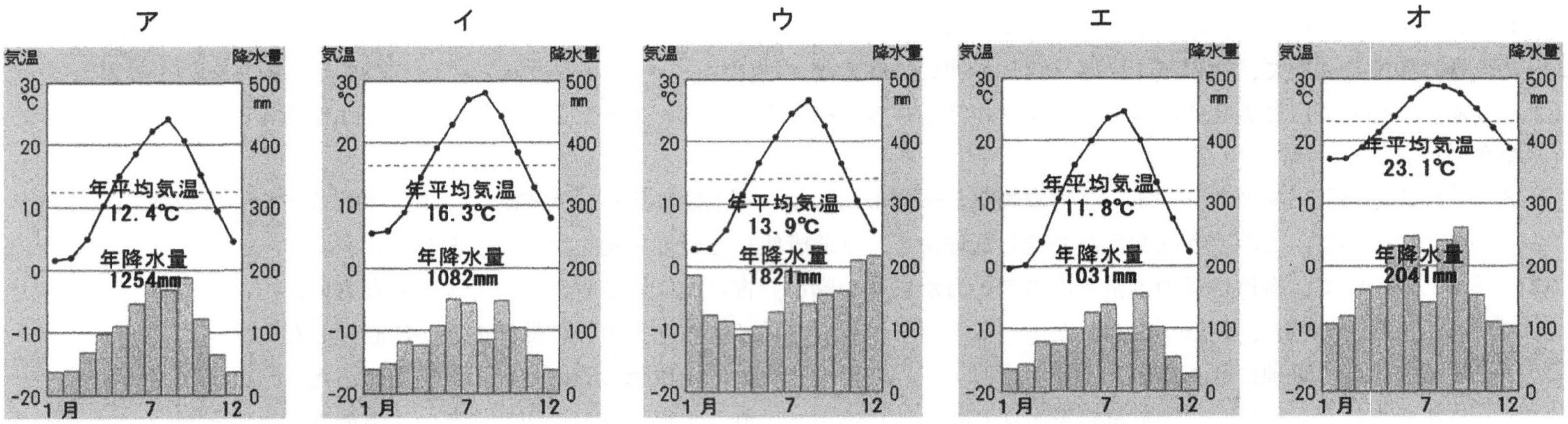

２　下線部①「愛知県」を代表する産業である自動車産業について，次の（１）～（３）の問いに答えなさい。

（１）下の**図１**は，日本の自動車メーカーの国内生産と海外生産の台数の推移を示したものです。1980 年代の半ばから，自動車の海外生産が行われるようになったことがわかります。このように，企業が生産の拠点を海外に移し，国内の産業がおとろえていくことを何と言いますか。解答欄に合うように**漢字で**答えなさい。

（２）1980 年代に（１）のような状況になった理由を述べた文として**あやまっているもの**を次の**ア～エ**から１つ選び，記号で答えなさい。

ア　日本の自動車が外国に多く輸出されて外国の自動車が売れなくなり，貿易摩擦が起こっていたため

イ　日本が経済成長したことで，他のアジア諸国などの人件費の方が安くなったため

ウ　当時急速に進んでいた，外国為替（かわせ）相場における円高の影響を抑えるため

エ　外国の要望を多く取り入れた自動車を生産し，グローバル化に対応するため

（３）自国で生産した製品を海外に輸出するときには，原則として関税という税金がかかりますが，近年，国と国とが協定を結んで関税などをなくし，貿易を盛んにしようという取り組みが行われています。2020 年に日本や中国，韓国，オーストラリアなどの 15 か国の間で成立した協定の，アルファベットの略称を次の**ア～エ**から１つ選び，記号で答えなさい。

ア　ＡＳＥＡＮ　　**イ**　ＲＣＥＰ　　**ウ**　ＴＰＰ　　**エ**　ＢＲＩＣＳ

図１

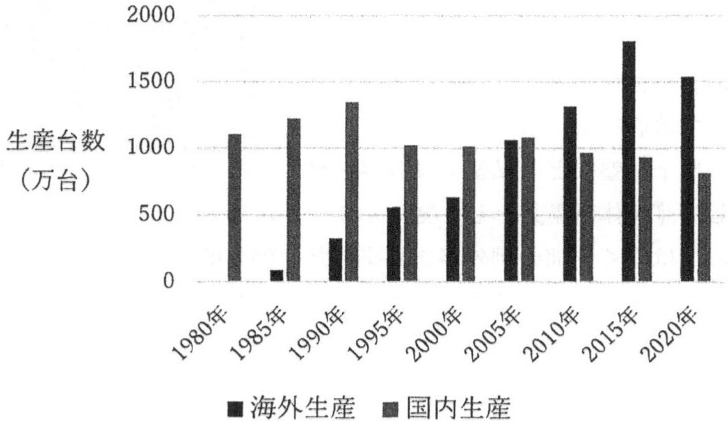

「日本自動車工業会統計資料 2021」より

図２

３　今大会は下線部②「仙台育英」高校が東北勢として優勝を果たし，初めて「優勝旗が白河の関を越えた」と話題になりました。「白河の関」とは，古代から東北地方の玄関口とされてきた関所です。白河の関の場所を上の**図２**の**ア～エ**から１つ選び，記号で答えなさい。

＊問題は（社会その３）に続きます。

4　下線部③「滋賀県」にある琵琶湖は，水鳥の生息地として重要な湿地の保護に関する国際条約に登録されています。この条約を次の**ア**～**エ**から１つ選び，記号で答えなさい。

ア　京都議定書　　**イ**　パリ協定　　**ウ**　ワシントン条約　　**エ**　ラムサール条約

5　下線部④「大阪府」には日本でも有数の中小工場の密集地域があります。下の**図３**は日本の工場について，大工場と中小工場の割合を示しています。それぞれが表している項目の組み合わせとして正しいものを次の**ア**～**カ**から１つ選び，記号で答えなさい。

ア　Ⅰ：生産額　　Ⅱ：働く人の数　　Ⅲ：工場の数
イ　Ⅰ：生産額　　Ⅱ：工場の数　　Ⅲ：働く人の数
ウ　Ⅰ：工場の数　　Ⅱ：働く人の数　　Ⅲ：生産額
エ　Ⅰ：工場の数　　Ⅱ：生産額　　Ⅲ：働く人の数
オ　Ⅰ：働く人の数　　Ⅱ：工場の数　　Ⅲ：生産額
カ　Ⅰ：働く人の数　　Ⅱ：生産額　　Ⅲ：工場の数

図３

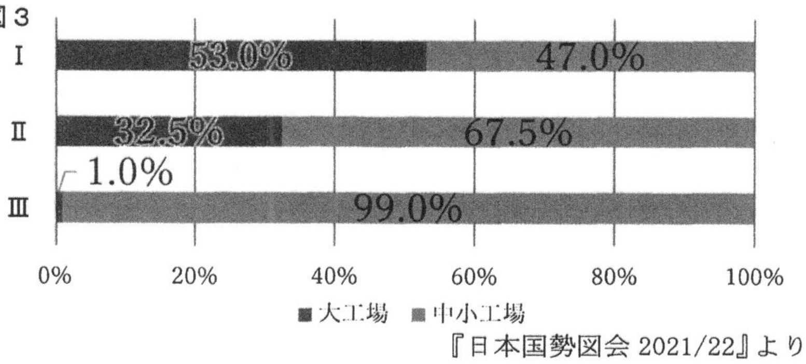

『日本国勢図会 2021/22』より

6　下線部⑤「山口県」には，石灰岩が地下水や雨水などで溶かされてできた特殊な地形があります。この地形を次の**ア**～**エ**から１つ選び，記号で答えなさい。

ア　シラス台地　　**イ**　リアス海岸　　**ウ**　カルスト台地　　**エ**　フォッサマグナ

7　下線部⑥「福島県」は，税金を優遇するなどして，企業が県内に工場などをつくることを推進しています。このことについて，次の（１）・（２）の問いに答えなさい。

（１）福島県は県の魅力として交通の利便性が高いことを訴えています。福島県の魅力の内容として**あやまっているもの**を次の**ア**～**エ**から１つ選び，記号で答えなさい。

ア　東北自動車道によって首都圏と結ばれ，製品を効率的に輸送することができる
イ　上越新幹線の新福島駅があり，出張などの人の移動がしやすい
ウ　県内にある福島空港から大阪などへの定期便があり，国内遠方へのアクセスも簡単である
エ　相馬港や小名浜港などの重要港湾があり，物流の拠点となっている

（２）福島県が県内に企業の工場の建設を推進するのは，どのような効果を期待しているのか，簡潔に説明しなさい。

8　下線部⑦「熊本県」について述べた下の文章の［Ａ］・［Ｂ］にあてはまる語句を答えなさい。

> 熊本県は，西を有明海と八代海，東を九州山地と世界最大級の［Ａ］のある阿蘇山に囲まれた，温暖で自然豊かな県です。しかし高度経済成長期には，工場の排水に含まれていた［Ｂ］により，八代海の周辺で公害病が確認されました。

9　日本を７つの地方に分けた７地方区分のうち，今回の大会でベスト８に進出した学校のない地方をすべて答えなさい。

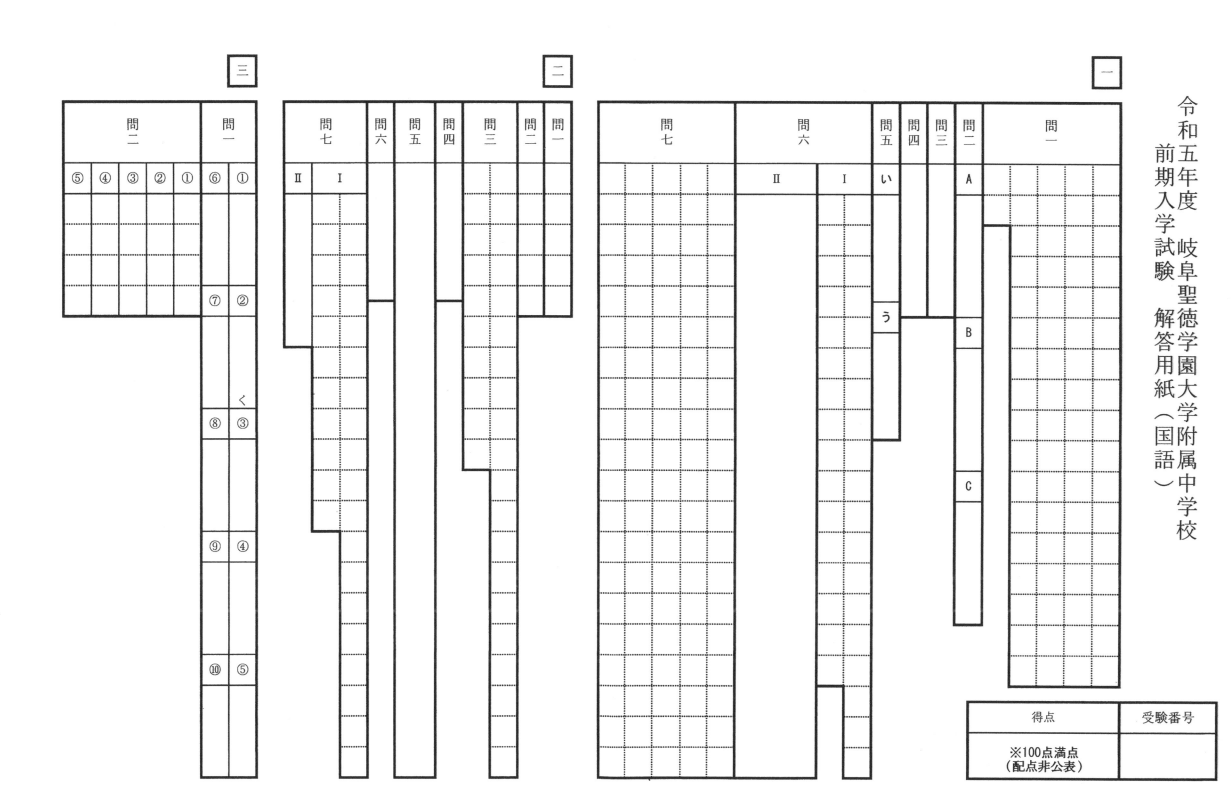

令和五年度　岐阜聖徳学園大学附属中学校
前期入学試験　解答用紙（国語）

一

問一

問二　A　B　C

問三

問四

問五　い　う

問六　Ⅰ　Ⅱ

問七

二

問一

問二

問三

問四

問五

問六

問七　Ⅰ　Ⅱ

三

問一　①　②　③　く　④　⑤　⑥　⑦　⑧　⑨　⑩

問二　①　②　③　④　⑤

得点	受験番号
※100点満点 （配点非公表）	

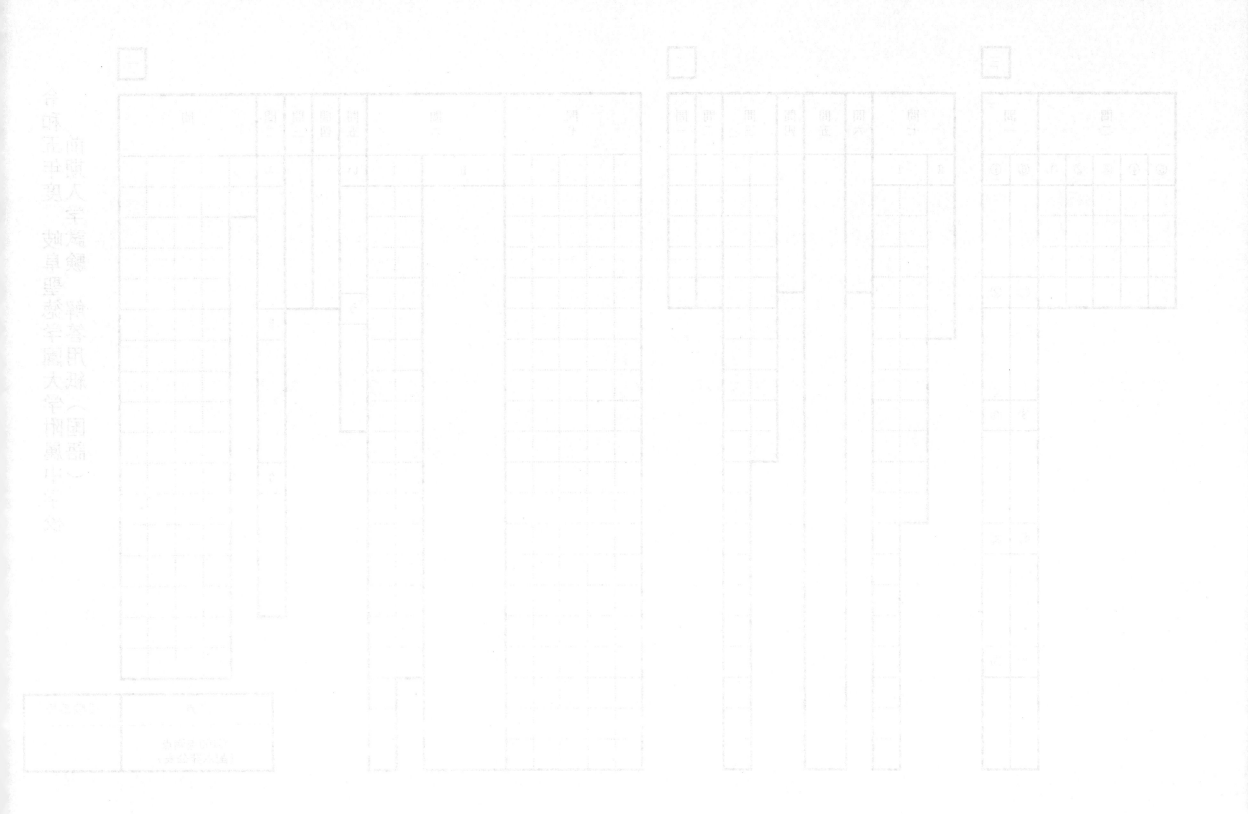

令和５年度　岐阜聖徳学園大学附属中学校　前期入学試験　解答用紙(理科)

受験番号

得点　※50点満点（配点非公表）

1	1	(1)			
		(2)	方法		
			結果		
		(3)			
	2	A		B	
	3				
	4	(1)			
		(2)			
	5				
	6				
	7				
	8				
	9				
	10	(1)			
		(2)			
2	1				
	2	①		②	
		③		④	
		⑤			
	3				
	4				
	5				
	6	(1)	kg		
		(2)	cm		

令和５年度　岐阜聖徳学園大学附属中学校　前期入学試験　　解答用紙（社会）

受験番号	得点 ※50点満点 （配点非公表）

1	1	A	B	C
	2	→ → → → → →		
	3	（１）	（２）	
		（３） → → →	（４）	
		（５）		
		（６）		
		（７）	（８）	（９）
		(10)	(11)	

2	1	県名						雨温図	
	2	（１）			の			（２）	（３）
	3								
	4								
	5								
	6								
	7	（１）	（２）						
	8	A						B	
	9								

令和四年度　岐阜聖徳学園大学附属中学校前期入学試験　（国語その一）

（45分）

（字数にはすべて「、」「。」「」をふくみます。答えはすべて解答用紙に記入しなさい。）

一　次の文章を読んで、後の問いに答えなさい。

①サケは、生まれ育ったふるさとの川へ戻ってくると言われている。

彼らにとっては、長い長い旅路であったことだろう。

川で生まれたサケの稚魚は川を下り、やがて外洋で旅を続ける。日本の川で生まれたサケは、オホーツク海へ進み、そこからさらにアラスカ湾を旅する。

大海原を移動しながら暮らすサケの生態は十分には明らかにされておらず、謎に満ちている。しかし、川に遡上してくるサケは四年目の個体が多いことから、サケは数年間暮らし、成熟して大人になったサケたちがうまれた場所を目指して最後の旅に出ると考えられている。

故郷の川を旅立ってから、再び故郷に戻ってくるまでの行程は一万六〇〇〇キロメートルにも及ぶと言われている。この距離は、地球の円周の半分にも達しそうな距離だ。その旅は危険に満ちた壮絶なものだったことだろう。

それにしても……サケたちは、どうして故郷の川を目指すのだろう。

人間も、年齢を経ると故郷が恋しくなるという。サケたちも、あるときふと故郷のことを思い出すのだろうか。

もちろんサケたちが故郷を目指すのには理由がある。サケたちは故郷の川に遡上して卵を産む。そして新しい命を宿すと、自らは死んでゆく宿命にあるのだ。

サケたちにとって、故郷への出発は、死出の旅である。

彼らはその旅の終わりを知っているのだろうか。もし、そうだとすれば、彼らを危険に満ちた死出の旅に誘うものは何なのだろう。

サケたちにとって次の世代を残すことは重要な仕事である。しかし、何も卵を産むのは故郷の川でなくてもよさそうなものだ。

どうしてこんなに困難をしてまで、故郷の川を目指すのか。そしていつからサケたちはそんな一生を送るようになったのか。残念ながら、その理由は明確にはなっていない。

生物の進化をたどると、かつてすべての魚類は海洋を棲みかとしていた。やがて、魚類は多種多様な進化を遂げて、海は食うものと食われるものという厳しい［　A　］の世界となっていった。そして、捕食者から逃れるために、食われるものであった弱い魚の一部は棲みやすい海から逃れて、魚にとっては未知の環境である河口へと移り住んだのである。

河口は海水と淡水が混ざる汽水域と呼ばれる場所である。海の塩分濃度に適応した魚たちにとって、そこは②命を落としかねない危険な場所である。それでも迫害を受けた競争に弱い魚たちは、そこに棲むしかなかった。

しかし、やがては餌を求める捕食者たちも汽水域に適応して侵出してくる。すると、弱い魚たちは逃れるようにさらに塩分濃度の低い川へと向かい生息地を見つけていったのである。③現在、川や池に棲む淡水魚は、こうした弱い魚たちの子孫であると考えられている。

ところが、こうした淡水魚たちの中には、再び広い海に向かうことを選択したものもいる。サケやマスなどのサケ科の仲間がその例である。

サケやマスなどのサケ科の仲間の魚は寒い地域の川に分布している。このような水温の低い川では十分な餌がない。そのため、一部のサケ科の魚たちは餌を求めて再び、海洋に出るようになったと考えられている。そして、餌の豊富な海で育つことによって、たくさんの卵を産むことのできる巨大な体を手に入れるようになったのである。

それでは、どうして餌の豊富な海へ向かったサケ科の魚たちは、卵を産むときには、川をさかのぼるのだろうか。

海は天敵が多く、危険な場所である事実は、現代でも何一つ変わらない。進化したサケたちにとっても海は危険な場所なのだ。

たくさんの卵を産むとは言っても、無防備な卵を海にばらまけば、大切な卵は恐ろしい魚の餌食になるだけだ。そのため、サケは大切な卵の生存率を高めようと、自らの危険を顧みずに川に戻るのである。

④母なる川を目指すサケたちの死出の旅。

それにしても遠く離れた故郷の川に、どのようにして迷わずたどりつくことができるのだろう。サケたちは川の水の匂いで、故郷の川がわかるとも言われているが、そんなことだけで故郷がわかるのだろうか。本当に不思議である。

長く危険な旅の末に、なつかしい川を探し当てたとしても、まったく安心することはできない。

故郷の川とはいえ、海水で育ったサケにとって、塩分の少ない川の水は思いのほか危険なものである。そのため、サケたちは自分たちの身体が川の水に慣れるまで、しばらくは河口で過ごさなければならないのだ。

このとき、サケたちは姿を変えていく。その体は美しく光沢し、赤い線が浮かび上がる。まるで、成人の儀式を祝う鮮やかな民族衣装のようである。

オスたちの背中は盛り上がって筋肉隆々だ。下あごは曲がって、何とも男らしい姿になる。ふるさとの川を目指す最後の旅を控えて、鋭い眼

＊問題は（国語その二）に続きます。

令和四年度　岐阜聖徳学園大学附属中学校前期入学試験　（国語その二）

（字数にはすべて、。「」をふくみます。答えはすべて解答用紙に記入しなさい。）

は自信に満ちあふれているように見える。体全体が美しく丸みを帯びて、まばゆいほどに魅力的だ。どのサケも、川を下った稚魚のときとは見違えるほどに立派に成長している。

準備が整いサケの遡上が見られるのは、秋から冬にかけてである。

サケたちはいよいよ群れとなって川へと侵入する。なつかしい故郷を目指すサケたちには、容赦なく困難が襲いかかる。

【中略】

何が彼らを、ここまでかきたてるのだろう。

川の上流部にたどりつき卵を残したサケたちは、やがて死にゆく運命にある。

彼らは、この旅のゴールに死が待っていることを知っているのだろうか。

サケたちは、河口から川に侵入すると、もはや餌を獲ることはない。海を棲みかとしてきた彼らにとって、川には適当な餌がないという事情もあるだろう。しかし、彼らはどんなに空腹になっても、どんなに疲労がたまろうと、上流を目指して、川を上り続ける。時間を惜しむかのように、残された時間と戦うかのように、彼らはただ、ひたすらに上流を目指し続けるのである。

まるで、死が近づいていることを知っているかのように、彼らは他のものには目もくれずに、ただ上り続けるのである。

サケたちは[B]に向かって川をさかのぼる。そして、川をさかのぼる力こそが、彼らの[C]の力なのだ。

（本文は、稲垣栄洋『生き物の死にざま』によります。なお、設問の都合で一部原文を省略・変更しているところがあります。）

問一　――線部①「サケは、生まれ育ったふるさとの川へ戻ってくると言われている」とありますが、川へと戻ってくるサケはどのようなサケたちですか。本文中から十四字でぬき出しなさい。

問二　[A]に入る四字熟語として適切なものを、次の**ア**～**エ**から選び、記号で答えなさい。

ア　十人十色　　**イ**　弱肉強食　　**ウ**　牛飲馬食　　**エ**　前途多難

問三　――線部②「命を落としかねない危険な場所」とはどこを指していますか。二字でぬき出しなさい。

問四　――線部③「現在、川や池に棲む淡水魚は、こうした弱い魚たちの子孫であると考えられている」のはなぜですか。「捕食者」「生息地」という言葉を必ず使って説明しなさい。

問五　――線部④「母なる川を目指すサケたちの死出の旅」について、次の問いに答えなさい。

Ⅰ　「死出の旅」と呼ばれるのはなぜですか。本文中の言葉を使って二十五字以内で答えなさい。

Ⅱ　「死出の旅」の途中で変化するサケの姿を、筆者は何にたとえていますか。十六字でぬき出しなさい。

問六　なぜ、サケ科の魚たちは海ではなく、川をさかのぼって卵を産むのですか。本文中の言葉を使って、五十字以内で答えなさい。

問七　空らん[B]・[C]には、対になる語が入ります。文章の内容をふまえて、あてはまる語をそれぞれ漢字一字で答えなさい。

二　次の文章を読んで、後の問いに答えなさい。

その日のぼくは何をするのもうわの空だった。勉強中は「集中力がない」と、章くんに怒られるし、昼食中はまたうっかり冷やし中華にソースをかけて「成長がない」とにらまれるし、ろくなことはない。

ようやく智明とまたふたりきりになれたのは、夕食のあとの自由時間。

①ちょっと散歩してくる、と章くんに断って、ぼくらは海辺へくりだした。

星空のまばゆい夜だった。濃紺の闇の中、ちくちくと瞳を刺すような光が、水平線の奥のほうまでもずっと続いている。ぼくらはその下をぶらぶらと歩いて、別荘からだいぶ遠ざかったころ、平らな岩場に並んで腰かけた。足下の暗がりで何十匹もの船虫がいっせいに飛びのいていった。

「五年前、最初にここに来たときのこと、おぼえてる?」

船虫の影を目で追いながら、智明がぼそっと切り出した。

「五年前?」

「うん。なんかもう大昔みたいだよな」

「だよなあ」

＊問題は（国語その三）に続きます。

（字数にはすべて　、　。　「　」　をふくみます。答えはすべて解答用紙に記入しなさい。）

当時の記憶はあいまいだった。だってぼくはまだ小学三年生だったから。じゃがまるは小さすぎて連れてきてもらえなかった。そんな時代だ。

「あのときさ、正樹（まさき）くんって子も来てたじゃない」

「ああ、うん……」

「ほらあの、章（あきら）くんとしょっちゅうけんかしてた子」

「うん、うん」

思いだした。

②正樹くんは章くんの父さん方の親戚（しんせき）。ぼくらはその夏が初対面だった。気ままというかわがままというか、とにかくマイペースな男の子で、みんなが勉強していてもひとりで遊んでいたし、もちろんクラシック鑑賞なんてつきあわずに、さっと部屋へ引き上げていった。ぼくはうらやましかったけど、章くんはいつもかりかりしていたっけ。

「正樹くんがここに来たの、あの夏が最初で最後だったよな」

智明の声が重く響いた。

「つぎの年からは、もういなかった」

「うん」

「なんでだと思う?」

ぼくには返事ができなかった。

「四年前はさ、貴（たか）ちゃんも一回、来たじゃない」

「ああ、貴ちゃんね」

貴ちゃんのことはよくおぼえている。スーパーマンみたいな小学生だったから。

「すごい子だったよね。勉強できるし、スポーツも得意だし、掃除なんかもささっとやっちゃってさ。小野寺さん※1にも、料理の筋がいい、なんて言われちゃって。何やったってみんなの一番で、体も章くんよりでかいから、ぼくらと同い年なのに、なんか一番年上みたいでさ……」

そこまでべらべらしゃべってから、ぼくははたと口をつぐんだ。その貴ちゃんも次の夏には、ぼくらの前から消えていたんだ。「また会おうね」って約束して、にこにこ手をふって帰っていったのに。

「③つまり、そういうことだ」

智明が言った。

「章くんに逆らったり、章くんよりデキるところを見せたりしたら、もうここには呼ばれなくなる」

脳天にがつんと来た。

ぼくは一瞬、どうすればいいのかわからなくなって、とっさに海へ目をやった。暗い暗い夜の海。遠い岸辺に灯台の光が見える。その光がぐるりとひとまわりしても、ぼくにはまだどうすればいいのかわからなかった。

「じゃあぼく、どうすればいいのかな」

情けないけど、ぼくは智明に訊いてみた。

「今までどおりにしてればいいんだよ。章くんの言うことをきいて、章くんより目立たないようにして」

「章くんの言うことがいやになっても?」

「いやな顔なんて見せるなよ。隠すんだ。隠しとおすんだ」

「できるかな」

「④おれは去年からそうしてたよ」

ぼくはおどろいて智明にむきなおった。

智明は苦しい顔をこしらえて、

「だっておれ、今年もここに来たかったから。おまえやナス※2や、じゃがまるとさ、また一緒に遊びたいじゃん。そうでなきゃなんか、夏って感じ、しないもんなあ」

たしかにそうだった。

この別荘で過ごす二週間の夏。それはぼくらにとって本当に貴重なものなんだ。みんなが勢揃（せいぞろ）いして遊べるのなんて、この機会を逃すと、ほかにない。やかましい家族から離れて、ぼくらだけの世界にひたれるこの大事な夏を、ぼくは絶対になくしたくなかった。

＊問題は（国語その四）に続きます。

令和四年度　岐阜聖徳学園大学附属中学校前期入学試験　（国語その四）

（字数にはすべて、。「」をふくみます。答えはすべて解答用紙に記入しなさい。）

「帰ろ。そろそろシューマンの時間だよ」

智明が元気なく言って、立ち上がった。そのまま両手に腰を当て、ぐぐっと体をそらしながら、

「おれね、今年ここに来てみたらさ、章くんより背が伸びていたんだ。ほんの少しだけど。でもなんとなくそのこと、章くんにバレちゃまずい気がして、いつも猫背なの」

「そうか」

そんな苦労までしてたのか。

「じゃ、ぼくらの部屋にいるときは、ぴんと伸ばしてなよ」

ぼくも元気なく言って、立ち上がった。

お互いをいたわりあう老夫婦みたいに、ぼくらは来た道を［Ａ］と引きかえして行った。

【波の音。

突然降りだした夕立の音。

過ぎていく時の足音みたいに、ぼくらの耳にたくさんの音を刻んで、今年もまたじわじわと夏が遠ざかっていく。

智明のまわす洗濯機の音。

ナスとじゃがまるの兄弟げんかの騒音。

真夜中の、ぼくの歯ぎしり。

そして、章くんのかけるピアノの音色。夜ごとに僕らを苦しめる単調なメロディー。

それは一見、去年までの夏と全く同じ音の寄せ集めだった。

リピート。リピート。リピート。

そうやって正確にくりかえされてきた、ぼくらの夏。

ついに故障した。

フラットがかかって奇妙にゆがんだ。】

※1　小野寺さん…別荘の管理人。元板前のため料理の腕がいい

※2　ナスや、じゃがまる…ぼくのいとこ

（本文は、森絵都『アーモンド入りチョコレートのワルツ』ＫＡＤＯＫＡＷＡによります。なお、設問の都合で一部原文を省略・変更しているところがあります。）

問一　「ぼく」にとってこの別荘で過ごす夏は、どんな夏でしたか。「……夏」という形で、本文中から二十六字でぬき出しなさい。

問二　――線部①「ちょっと散歩してくる、と章くんに断って、ぼくらは海辺へくりだした」とありますが、「智明」と「ぼく」はなぜふたりきりで海辺へと出かけたと考えられますか。わかりやすく説明しなさい。

問三　――線部②「正樹くん」はどんな性格の子ですか。二十九字でぬき出しなさい。

問四　――線部③「つまり、そういうことだ」とありますが、「そういうこと」が指している内容を本文中の言葉を使って五十字以内で答えなさい。

問五　――線部④「おれは去年からそうしてたよ」とありますが、それはなぜですか。智明の気持ちを考えて、わかりやすく説明しなさい。

問六　［Ａ］にあてはまる言葉として適切なものを次のア～エから選び、記号で答えなさい。

ア　うきうき　**イ**　ふらふら　**ウ**　とぼとぼ　**エ**　おずおず

問七　本文中の【　】の部分には、多くの表現技法が用いられています。用いられている表現技法を次の**ア**～**エ**から、すべて選び、記号で答えなさい。

ア　反復　**イ**　体言止め　**ウ**　比ゆ　**エ**　対句

問八　文章中には、章くんの別荘で過ごす貴重な夏休みの思い出が描かれています。あなたにとっての夏休みの体験を書き、その体験から得たこと、感じたことを百字以内で書きなさい。

・段落はもうけず、一文字目から書き始める。
・百字以内で書く。

＊問題は（国語その五）に続きます。

令和四年度　岐阜聖徳学園大学附属中学校前期入学試験　（国語その五）

（字数にはすべて、。「」をふくみます。答えはすべて解答用紙に記入しなさい。）

三　次の各問いに答えなさい。

問一　次の①～⑩の――線部の漢字はひらがなに、カタカナは漢字に直して答えなさい。

① 厚意をありがたく感じる。
② 険悪な表情を見せる。
③ 沿線の桜が見ごろだ。
④ 厳かな卒業式が進む。
⑤ フルートを奏でる。
⑥ 海底をタンサする。
⑦ 研究にセンネンする。
⑧ 実力をハッキする。
⑨ 親コウコウをしたい。
⑩ 切手をシュウシュウする。

問二　次の①～⑤は、有名な文学作品の冒頭部分です。作品名と書かれた時代としてふさわしいものを、あとのA群・B群からそれぞれ選び、記号で答えなさい。

① 道がつづら折りになって、いよいよ天城峠に近づいたと思うころ、雨脚が杉の密林を白く染めながら、すさまじい早さで麓（ふもと）から私を追ってきた。

② 山路を登りながら、こう考えた。智に働けば角が立つ。情に棹（さお）させば流される。意地を通せば窮屈（きゅうくつ）だ。とかくにひとの世は住みにくい。

③ 月日は百代の過客にして、行きかふ年もまた旅人なり。舟の上に生涯を浮かべ、馬の口とらへて老いを向かふる者は、日々旅にして旅をすみかとす。

④ 春はあけぼの。やうやう白くなりゆく山ぎは、すこしあかりて、紫だちたる雲のほそくたなびきたる。

⑤ 祇園精舎（ぎおんしょうじゃ）の鐘の声、諸行無常の響きあり。沙羅双樹（しゃらそうじゅ）の花の色、盛者必衰（じょうしゃひっすい）の理（ことわり）をあらはす。おごれる人も久しからず、ただ春の夜の夢のごとし。

A群

ア	『草枕』
イ	『伊豆の踊子』
ウ	『枕草子』
エ	『平家物語』
オ	『奥の細道』

B群

カ	鎌倉時代
キ	江戸時代
ク	平安時代
ケ	明治時代
コ	大正時代

5点×20　(5(2)は完答)　※100点満点

令和４年度　岐阜聖徳学園大学附属中学校　前期入学試験（算数その１）

(45分)（計算は問題の下のあいている部分を使い，答えは□に記入しなさい。）

受験番号　得点

1　次の(1)～(4)の計算をしなさい。

(1)　$20-5\div3\times9$

(2)　$135\div3-5\times(21-12)$

(3)　$0.35\times12+3.5\times4.8-35\times0.2$

(4)　$2\frac{3}{4}-\frac{5}{24}\times\left(0.2+\frac{1}{5}\right)$

2　次の(1)～(5)の問いに答えなさい。

(1)　自動車が時速72 *km* の速さで走っています。この自動車は30秒間で何 *m* 進むか求めなさい。

m

(2)　本屋で国語，算数，理科，社会，英語の5種類の問題集が売られています。この中から，3種類の問題集を買いたいと思います。全部で何通りの買い方があるか求めなさい。

通り

(3)　次の図は正五角形と正六角形を組み合わせたものです。あの角度を求めなさい。

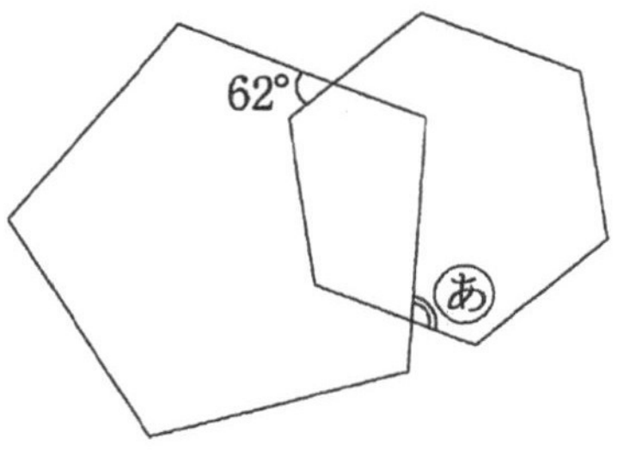

度

(4)　ある中学校のバス通学者は50人より少なく，生徒全体の $\frac{3}{7}$ で，自転車通学者は生徒全体の $\frac{2}{13}$ です。自転車通学者は何人か求めなさい。

人

(5)　次の図の色のついた部分の面積を求めなさい。

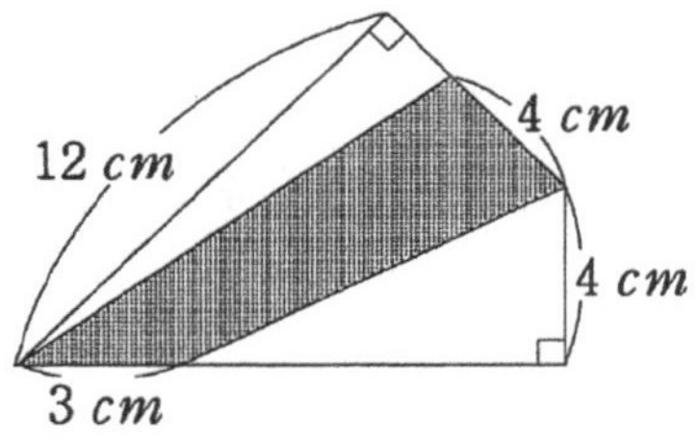

cm^2

3　夢見ちゃんは自宅から図書館へ行くために，自転車に乗って出発しました。自宅から1750 *m* 離れた学校を7分後に通り過ぎました。その後，途中にある公園で，学くんと待ち合わせてから図書館に時速3 *km* で歩いて行きました。下のグラフはそのようすを表したものです。

このとき，次の(1)～(3)の問いに答えなさい。

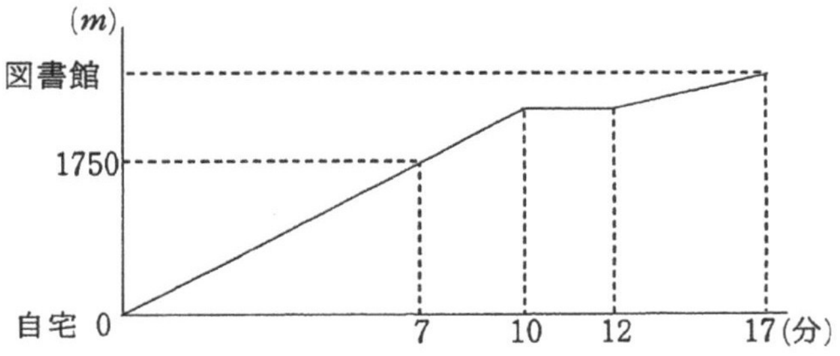

(1)　自転車の速さは分速何 *m* か求めなさい。

分速　*m*

(2)　夢見ちゃんの自宅から図書館までの道のりを求めなさい。

m

(3)　夢見ちゃんが自宅と図書館の中間地点を通過するのは，出発してから何分後か求めなさい。

分後

令和４年度　岐阜聖徳学園大学附属中学校　前期入学試験（算数その２）
（計算は問題の下のあいている部分を使い，答えは [ ] に記入しなさい。）

受験番号

4 　半径 4 cm の円の 4 分の 1 のおうぎ形があります。この図形のまわりを，半径 1 cm の円がすべることなく転がり 1 周します。

このとき，次の (1)，(2) の問いに答えなさい。ただし，円周率は 3.14 とします。

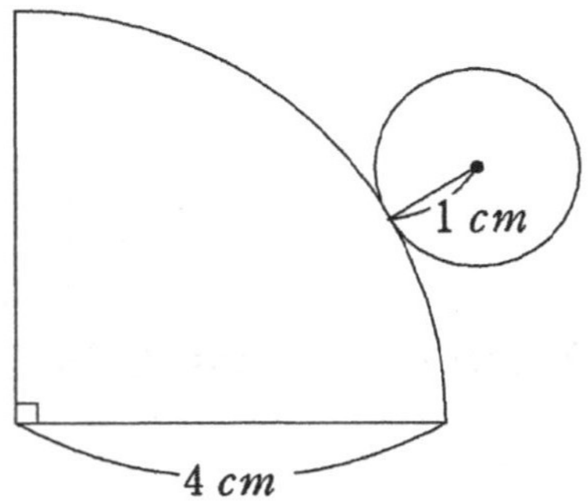

(1)　円の中心が通ったあとにできる図形の長さを求めさない。

[　　　　] cm

(2)　円が通った部分の面積を求めなさい。

[　　　　] cm^2

5 　学くん，夢見ちゃんの 2 人が順番に，学くんは黒色，夢見ちゃんは白色のご石を並べます。1 回目に学くんは 1 個，夢見ちゃんは 2 個並べ，2 回目に学くんは 3 個，夢見ちゃんは 4 個並べ，3 回目以降もこの規則にしたがって並べていきます。

このとき，次の (1)，(2) の問いに答えなさい。

●○○●●●○○○○●●●●●○○ …

(1)　2 人が 10 回ずつご石を並び終えたとき，ご石は全部で何個並んでいるか求めなさい。

[　　　　] 個

(2)　ご石が 2022 個並んでいます。黒色のご石と白色のご石はそれぞれ何個並んでいるか求めなさい。

黒色のご石	個	白色のご石	個

6 　1，2，3，4 の 4 枚のカードがあります。

このとき，次の (1) ～ (4) の問いに答えなさい。

(1)　4 枚のカードのうち 3 枚のカードを使って，3 けたの数をつくるとき，全部で何通りか求めなさい。

[　　　　] 通り

(2)　4 枚のカードのうち 3 枚のカードを使って，分母が 2 けた，分子が 1 けたの分数をつくるとき，全部で何通りできるか求めなさい。ただし，約分はしないこととします。

[　　　　] 通り

(3)　(2) でつくった分数のうち，約分できる分数は全部でいくつあるか求めなさい。

[　　　　]

(4)　(3) の分数のうち，もっとも小さい分数を求めなさい。ただし，答えは約分をした形で答えなさい。

[　　　　]

令和４年度　岐阜聖徳学園大学附属中学校　前期入学試験　問題用紙（理科その１）

（30分）　　（答えはすべて解答用紙に記入しなさい。）

１　次の文章を読み，１～９の問いに答えなさい。

私たちの身のまわりには，空気があります。空気の約78 %は（　A　），約21 %は（　B　）がふくまれており，残りの約　1%の中に（　C　）がふくまれます。特に，（　B　）と（　C　）は，植物が日光を利用して栄養分をつくり出す（　D　）というはたらきと深い関わりがあります。

さて，そんな身近な空気ですが，「空気にも重さがある」と聞いても，実感がある人はほとんどいないのではないでしょうか。そこで，次のような実験を行ないました。

〔実験〕

（１）使い終わったスプレー缶（中身は空気のみ）に，自転車用の空気入れで空気を入れました。その後，スプレー缶の重さを電子上皿はかりではかると，156.35 gでした。

（２）水を入れた水そうに，逆さにして内部に水を満たした 500 cm³ のメスシリンダーを立て，スプレー缶の中の空気を出し，メスシリンダー内の水を 500 cm³ 分追い出しました（図）。その後，スプレー缶の重さをはかると，155.71 gでした。

図

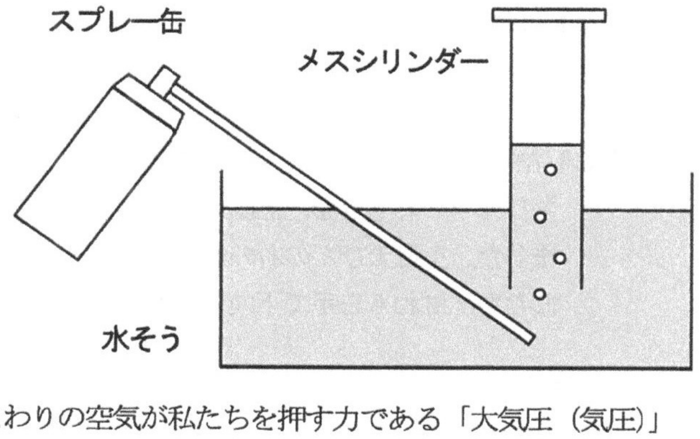

このような実験を行なわなくても，空気に重さがあるということがわかる例があります。たとえば，高い山へ登ったときのことを考えてみましょう。山頂のような高い場所は，私たちが住んでいる低地に比べて，空気がうすくなります。そして，空気がうすくなると，まわりの空気が私たちを押す力である「大気圧（気圧）」が小さくなります。その大気圧の単位は「hPa（ヘクトパスカル）」で表されますが，ア<u>一般的には10 m高くなるごとに1hPaずつ大気圧が下がる</u>のです。これは，高い場所ほど空気がうすくなる（少なくなる）ため，私たちにかかっている空気の重さが減少することが原因です。

大気圧の大きさは，私たちの日常生活と深い関わりがあります。水の蒸発を例にあげてみましょう。水は小さな粒でできています。液体の水は，常温（私たちが生活している温度）でもイ<u>自然な蒸発</u>により気体に変わることはできますが，水が大気圧に押さえつけられているため，一度にたくさん気体になることはできません。低地で水を加熱すると約（　E　）℃でウ<u>沸騰</u>しますが，これは，大気圧よりも，水の粒が気体になろうとする力が大きくなるからです。したがって，高い山の頂上で水を沸騰させると，水は（　E　）℃よりも（　F　）い温度で沸騰します。

余談ながら，水が沸騰する温度や，氷になる温度は，大気圧以外の影響も受けます。たとえば，水に食塩などを混ぜてつくった食塩水では，水にとけた食塩の粒が，固体や気体に変化しようとする水の粒の動きをじゃまするようになります。すると，食塩水では，沸騰する温度は（　E　）℃より（　G　）くなりますし，一般的に氷に変化する温度である（　H　）℃よりも（　I　）い温度で氷になります。これは，手作りアイスクリームをつくるとき，冷凍庫がなくても，氷と食塩を使えばアイスクリームが固まる現象と関係があります。

空気よりも軽い気体には，たとえば（　J　）があります。（　J　）は，燃えると水ができます。また，ヘリウムは，（　J　）の次に軽い気体で，ヘリウム１Lの重さは約0.18 gです。もし，５Lの容積のゴム風船にヘリウムを入れて，ひもで結んだ160 gのリカちゃん人形を空に浮かせるとすれば，この風船が少なくとも（　K　）個必要になります。

空気よりも重い気体には，たとえば（　C　）があります。（　C　）は，空気の約1.5倍の重さがあります。また，（　C　）は，水に少しとけ，とけた水溶液は（　L　）性を示します。

１　（　A　）～（　C　）および（　J　）にあてはまる気体の名称をそれぞれ答えなさい。

２　（　D　）にあてはまるはたらきの名称を答えなさい。

３　〔実験〕より，空気１Lの重さは何gか答えなさい。

４　（　E　）（　H　）にあてはまる数値を答えなさい。

５　（　F　）（　G　）（　I　）の内容に合わせて，「高」「低」のいずれかをそれぞれ答えなさい。

６　下線部アについて，海抜（海面からの高さ）０mの地点の大気圧が1000 hPaのとき，伊吹山（海抜約1380 m）の山頂の気圧は約何hPaか答えなさい。ただし，天気などの影響はなく，海抜が同じであれば，どこではかっても大気圧は同じであるとします。

７　下線部イと下線部ウのちがいについて説明した次の文の（　①　）（　②　）に適切な短文をそれぞれ答えなさい。

「自然な蒸発は，液体の水の粒が，（　①　）から気体に変わる現象であるのに対し，沸騰は，液体の水の粒が，おもに（　②　）から気体に変わる現象である。」

８　（　K　）にあてはまる数値として最も適切なものを，次のア～オから１つ選び，記号で答えなさい。ただし，リカちゃん人形を結んだひもや，ゴム風船自体の重さは考えないものとします。

ア　10　　イ　20　　ウ　30　　エ　40　　オ　50

９　（　L　）にあてはまる語句を，次のア～オから１つ選び，記号で答えなさい。

ア　強い酸　　イ　強いアルカリ　　ウ　弱い酸　　エ　弱いアルカリ　　オ　中

２　次の文章を読み，１～９の問いに答えなさい。

リカさんは，力を加えて引くとのびる２種類のばねA，ばねB（図１）を使って，次のような実験をしました。ばねA，ばねBの長さは，力を加えていない状態で，それぞれ５cm，９cmの長さです。なお，ばねやおもりのフック，棒の重さは考えないものとします。

〔実験１〕ばねAとばねBに，１個10 gのおもりをつり下げて，おもりの数とばねののびの関係を調べました。次の表は，その結果をまとめたものです。

（問題は「その２」に続きます。）

表

おもり（個）	1	2	3	4	5
ばねAののび（cm）	1.5	3.0	4.5	6.0	7.5
ばねBののび（cm）	1.0	2.0	3.0	4.0	5.0

〔実験２〕ばねＡとばねＢの上側，下側をそれぞれ棒でつなぎ，上の棒を水平に保ったまま，下の棒に〔実験１〕で使ったおもりを何個かつり下げたところ，ある数で，ばねＡとばねＢの長さが等しくなり，下の棒が水平になりました（図２）。ただし，図２ではおもりは１個しかかかれていません。

〔実験３〕左右の腕の長さがそれぞれ 25 cm である天びんの左の腕にばねＡ，右の腕に〔実験１〕で使ったおもりと同じものを３個つり下げ，いちばん下のおもりを，上皿天びんの左の皿にのるようにしました。ばねＡとおもりは，どちらも天びんの支点から 20 cm 位置につり下げました。上皿天びんの右の皿には，ある重さの分銅をのせました。この状態では，天びんも上皿天びんも，腕がどちらかに傾いていましたが，ばねＡを手で下向きに引いたところ，どちらの天びんも腕が水平になりました（図３）。

図１

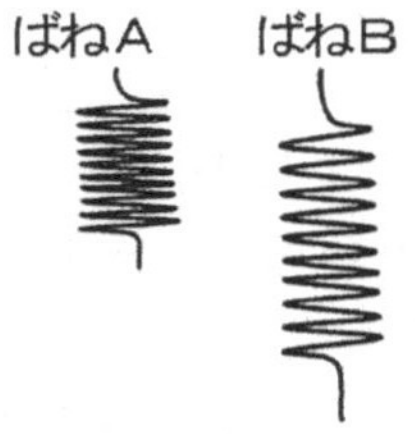

図２

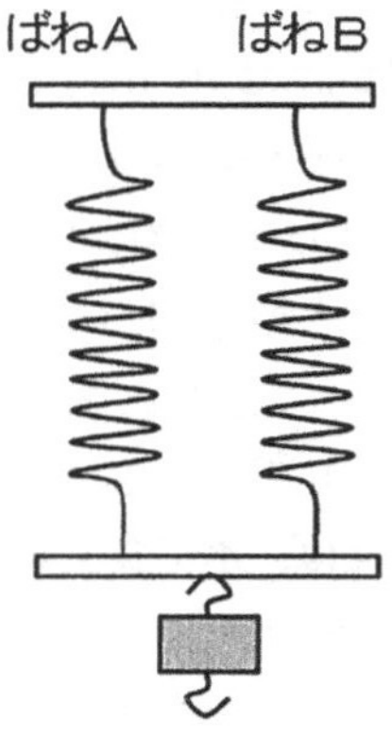

図３

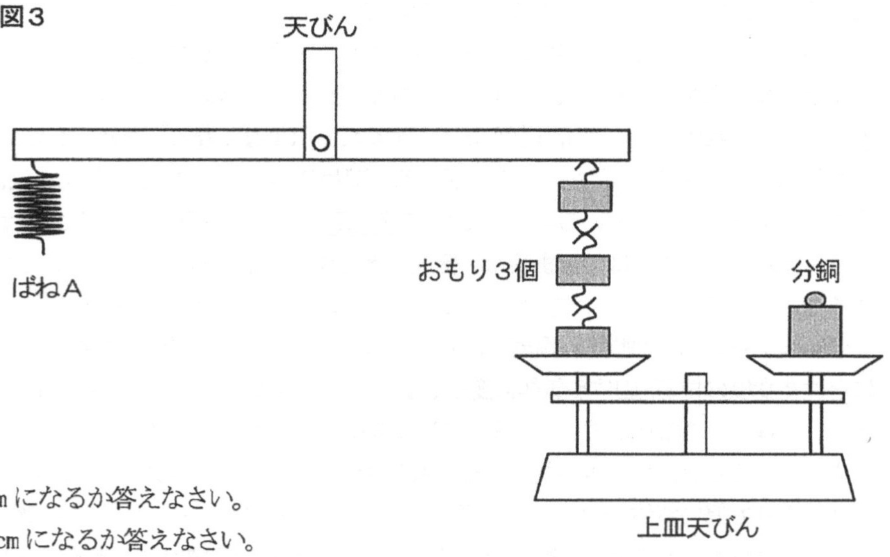

1　ばねＡに，おもりを６個つり下げたとき，ばねＡののびは何cmになるか答えなさい。

2　ばねＢに，おもりを 10 個つり下げたとき，ばねＢの長さは何cmになるか答えなさい。

3　〔実験１〕の結果について，ばねＡおよびばねＢのグラフをかきなさい。グラフには，どちらのグラフかわかるよう「ばねＡ」「ばねＢ」と記入しなさい。また，このグラフから，ばねにかかる重さと，ばねののびとの間に，どのような関係があるとわかるか，簡潔に説明しなさい。

4　〔実験２〕について，下の棒が水平になったとき，つり下げられたおもりは何個であったか答えなさい。ただし，図２の下の棒におもりを１個つり下げた場合，ばねＡ，ばねＢにはそれぞれ，おもりの重さの半分（5g）の力がかかるものとします。

5　上皿天びんの使い方について述べた次のア～カのうち，あやまっているものをすべて選び，記号で答えなさい。

ア　天びんの左右に皿をのせて，針の振れが左右で等しくなったところで，つり合ったと考えてよい
イ　物体の重さをはかるときは，きき手側の皿に物体をのせ，反対側の皿に分銅をのせる
ウ　物体の重さをはかるときは，分銅の中でいちばん重いものからのせてはかる
エ　分銅を手でさわると，さびて重さが変わってしまうので，ピンセットであつかう
オ　決まった重さの薬品をはかりとるときは，薬包紙を，両方の皿にのせる
カ　決まった重さの薬品をはかりとるとき，薬品を多く取りすぎた場合は，薬品を少し取り除き，すぐに薬品のびんにもどす

6　〔実験３〕で，どちらの天びんも腕が水平になっているとき，ばねＡの長さは８cmでした。このとき，手は，おもり何個分の力でばねＡを引いているか答えなさい。

7　〔実験３〕で，上皿天びんの右の皿にのっている分銅の重さは何gか答えなさい。

8　ばねＡの下にばねＢをつないで，長さ 14 cm のばねＣをつくりました。このばねＣに，〔実験１〕で使ったおもりを１個つり下げると，ばねＣののびは 2.5 cm となり，ばねＣ全体の長さは 16.5 cm になりました。

（1）ばねＣにこのおもりを何個かつり下げたところ，ばねＣの長さは 24 cm になりました。このとき，何個のおもりをつり下げたか答えなさい。

（2）〔実験３〕で，ばねＡのかわりにばねＣを取りつけ，どちらの天びんも腕が水平になるようにばねＣを引くと，ばねＣの長さは何 cm になるか答えなさい。

9　ばねＡを手で引くかわりに，ばねＡにおもりを８個つり下げました。どちらの天びんも腕が水平になるようにするためには，どのようにしたらよいですか。それについて説明した次の文中の（ ① ）には「ばねＡ」または「右のおもり３個」のいずれかを，（ ② ）は適切な数値をそれぞれ答えなさい。

「（ ① ）がつり下げられている位置を，天びんの支点から（ ② ）cm の位置に移動させればよい。」

（30分）

（答えは全て解答用紙に記入しなさい）

1　次のあ～きの文を読んで，１～３の問いに答えなさい。

あ　藤原氏は，他の貴族をしりぞけて勢力を強め，朝廷の主な役職を一族で占めるようになりました。
い　幕府が朝廷の許可なく通商条約を結んだことで，尊王攘夷（そんのうじょうい）運動が盛んになりました。
う　（Ａ）は十七条の憲法において，朝廷につかえる役人の心得を示しました。
え　全国各地で下剋上の風潮が高まり，戦国大名が登場し，領国を統一して支配しました。
お　老中（Ｂ）は，商工業者が株仲間をつくることをすすめて幕府の財政を立て直そうとしました。
か　天智天皇の死後，その子と弟の間であとつぎをめぐり壬申の乱が起きました。
き　日本初代内閣総理大臣の（Ｃ）は大日本帝国憲法の作成にあたりました。

１　文中の（Ａ）～（Ｃ）にあてはまる人物を，それぞれ答えなさい。
２　あ～きの各文を，内容の古い文から新しい文の順に並べたとき，３・５・７番目にあたる文を選び，記号で答えなさい。
３　あ～きの各文について，次の（１）～（13）の問いに答えなさい。
（１）「あ」について，次の（　①　）・（　②　）に当てはまる語句をそれぞれ答えなさい。

藤原氏は，天皇が幼いときには（　①　），天皇が成人するとその政治を補佐する（　②　）となって，政治の実権を握った。

（２）「あ」について，この時代について述べた文として正しいものを次のア～エから１つ選び，記号で答えなさい。
ア　仏教と唐の文化の影響を受けた国際的な天平文化が栄えた
イ　紫式部の『枕草子』や清少納言の『源氏物語』など女性文学が多く生まれた
ウ　念仏を唱えて阿弥陀如来にすがり，極楽浄土へ生まれ変わることを願う浄土信仰が起きた
エ　たたみやふすまなどを用い，現在の和風住宅のもとになった書院造が成立した
（３）「い」について，このとき通商条約を結んだ井伊直弼（いいなおすけ）が暗殺された事件を何というか，解答欄に合わせて答えなさい。
（４）「い」について，尊王攘夷運動とはどのような運動か，「尊王」と「攘夷」の意味を明らかにして答えなさい。
（５）「う」について，次の文は十七条の憲法を一部抜き出したものです。下線部が示すものの組み合わせとして正しいものを次のア～オから１つ選び，記号で答えなさい。

二に曰く（いわく），あつく<u>三宝</u>を敬え。

ア　天皇・律令・僧　　イ　仏・法・僧　　ウ　仏・法・天皇　　エ　律令・仏・僧　　オ　天皇・律令・法
（６）「う」について，このころ数回にわたって中国に送った使者のことを何というか，答えなさい。
（７）「え」について，下剋上とはどのような風潮のことか，説明しなさい。
（８）「え」について，戦国大名とその支配した地域の組み合わせとしてあやまっているものを次のア～エから１つ選び，記号で答えなさい。
ア　武田信玄　―　安芸（あき）　（現在の広島県のあたり）
イ　今川義元　―　駿河（するが）　（現在の静岡県のあたり）
ウ　織田信長　―　尾張（おわり）　（現在の愛知県のあたり）
エ　上杉謙信　―　越後（えちご）　（現在の新潟県のあたり）
（９）「お」について，この政治について述べた文として正しいものを次のア～エから２つ選び，記号で答えなさい。
ア　地位や特権を求めてわいろが横行したことに批判が高まった
イ　凶作やききんに備えるため，各地に倉を設けて米を貯えさせた
ウ　商工業が活発になり，自由な風潮の中で学問や芸術が発展した
エ　上げ米の制などの政策により財政が一時立ち直った
（10）「お」について，次の文は（Ｂ）の人物の次に政治を行った松平定信について，皮肉をこめて詠（よ）んだ歌です。このように詠まれた理由を，松平定信の行った改革名を明らかにして解答欄に合うように説明しなさい。

白河の清きに　魚のすみかねて　元のにごりの　田沼こひしき
現代語訳：白河（松平定信のこと）の水はきれい過ぎて魚も住みづらく，元のにごっていた田沼が恋しい

（11）「か」について，壬申の乱に勝利し，天皇に即位した人物名を解答欄に合うように答えなさい。

（答えは全て解答用紙に記入しなさい）

（12）「き」について，次の文は，大日本帝国憲法と日本国憲法（現在の憲法）の違いについて説明したものです。（　①　）・（　②　）にあてはまる語句を答えなさい。

大日本帝国憲法では主権が（　①　）にあるが，日本国憲法では主権が（　②　）にある。

（13）「き」について，この時代の文化にあてはまらないものを次のア～エから１つ選び，記号で答えなさい。

ア

イ

ウ

エ

2　次の表は，2021年８月８日に行われた東京オリンピック閉会式で紹介された，日本各地の多様なおどりをまとめたものです。これについて次の１～６の問いに答えなさい。

都道府県	おどり
北海道	（　④　）古式踊り
①秋田県	⑤西馬音内（にしもない）盆踊り
②東京都	東京音頭
③岐阜県	⑥郡上（ぐじょう）おどり
沖縄県	⑦琉球エイサー

１　表中の①秋田県について説明した次の文章を読み，次の（１）～（３）の問いに答えなさい。

秋田県は東北地方の中西部，日本海側に位置しています。青森県との県境には世界自然遺産に認定された（　Ａ　）山地があり，東部には南北に（　Ｂ　）山脈が連なっていて，全体が山地に囲まれた盆地のような地形となっています。農業の面では，米代川や雄物川の流域でａ米作りが盛んで，秋田県は新潟県と北海道に次ぐ３番目の収穫量です。しかし，近年のｂ米の消費量の低下もあり，米の生産に頼らない農業への転換が求められています。

（１）文章中の（　Ａ　）・（　Ｂ　）に適切な語句を答えなさい。

（２）文章中の下線部ａについて，秋田県では，農地を拡大するために長い時間をかけて湖の干拓（かんたく）が行われてきました。男鹿半島の付け根にある，干拓された湖を次のア～エから１つ選び，記号で答えなさい。

ア　有明海　　イ　霞ケ浦　　ウ　浜名湖　　エ　八郎潟

（３）文章中の下線部ｂについて，米の消費量が減ってきた理由を簡単に説明しなさい。

２　表中の②東京都の雨温図として正しいものを次のア～エから１つ選び，記号で答えなさい。

ア

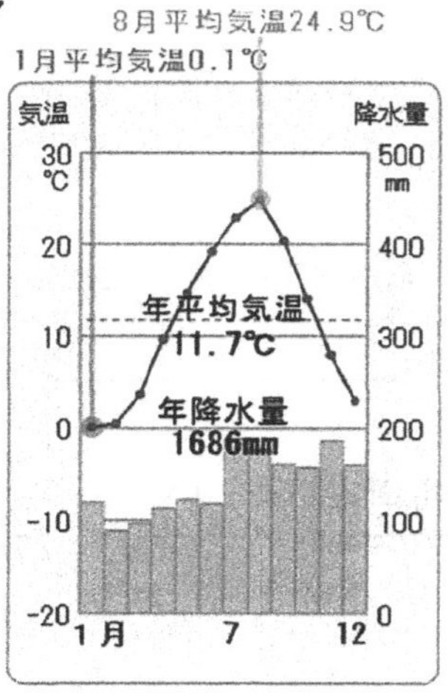

イ

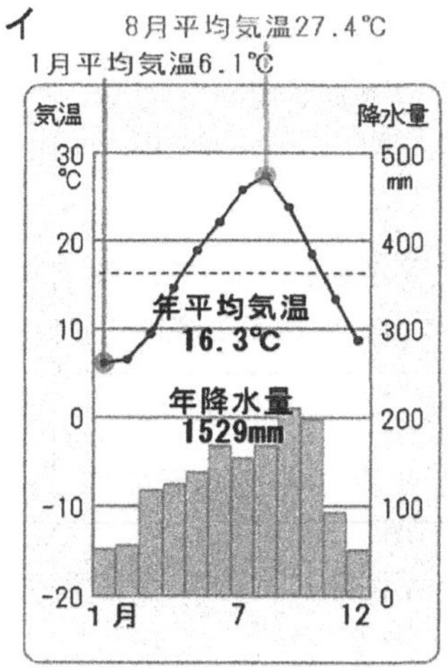

ウ

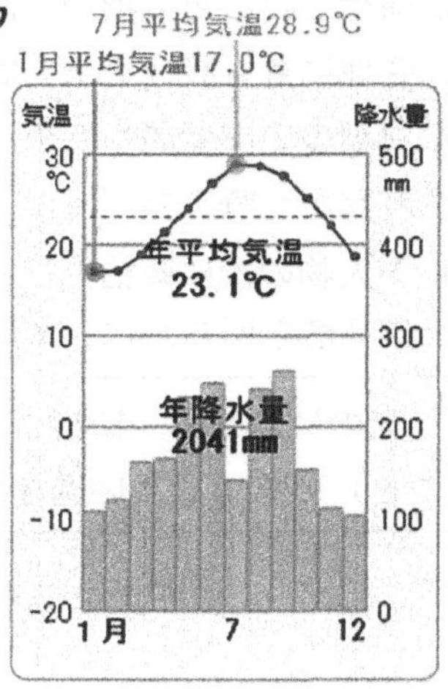

エ

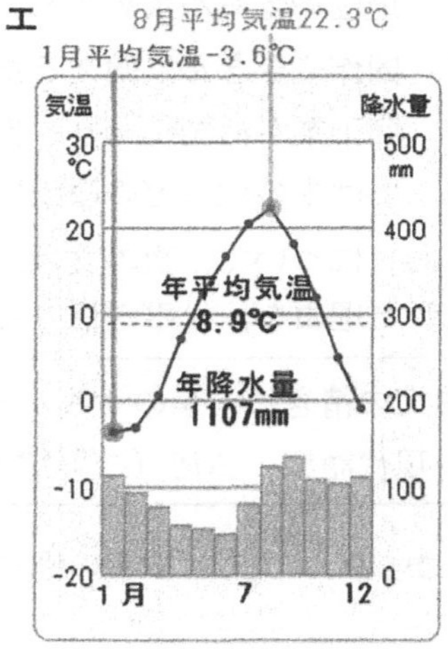

３　表中の③岐阜県よりも面積の狭い都道府県を次の**ア**～**エ**から１つ選び，記号で答えなさい。

ア　岩手県　　**イ**　長野県　　**ウ**　福島県　　**エ**　滋賀県

４　表中の④には，北海道を中心とした日本列島北部周辺の先住民族の名前が入ります。あてはまる語句を答えなさい。

５　表中の⑤西馬音内盆踊りと⑥郡上おどりは，「日本三大盆踊り」に数えられています。次の文章は，残りの１つが行われている都道府県について説明したものです。その都道府県名を答えなさい。

> この県は全体的に温暖で，冬季の降水量や降雪量は多くありません。東部から南部にかけては播磨灘，紀伊水道，太平洋の３つの海域に面し，豊かな漁場となっていて，わかめ，のり類の養殖では全国有数です。この県の隣の県は河川が少なく，水不足になりやすいのに対し，この県には水量の豊富な河川が多く，豊かな水資源を有しています。

６　表中の⑦琉球エイサーとして正しいものを次の**ア**～**エ**から１つ選び，記号で答えなさい。

ア

イ

ウ

エ

3　めぐみさんは塾の帰りにコーヒーショップに寄っていきました。そのとき，めぐみさんは以下の２つのことに気が付きました。これについて，次の１・２の問いに答えなさい。

> ①同じ商品なのに，店の中で飲むのと家に持って帰って飲むのとでは値段が違っていた。
> ②前に来たときはレジ袋の料金を請求されなかったのに，今回は５円必要だった。

１　①について，値段が違っていた理由として正しいものを次の**ア**～**エ**から１つ選び，記号で答えなさい。

ア　商品を持ち帰るための容器代が余分にかかっているから

イ　消毒をするなどの店内のサービスに費用がかかっているから

ウ　商品を持ち帰るのと店内で飲むのとではかかる税金の割合が違うから

エ　三密をさけるため，なるべく店内の客の数を減らしたいから

２　②について，これはＳＤＧｓに関連し，2020年７月より原則としてレジ袋が有料化されたことによります。ＳＤＧｓとは「持続可能な開発目標」のことで，よりよい世界にしていくために国際連合で定められた，すべての国が2030年までに達成することをめざす１７の国際的な目標（ゴール）です。

レジ袋の有料化は，ＳＤＧｓの１７の目標のうち，どの目標につながると考えられますか。下のＳＤＧｓの１７の目標から１つ選んでその数字を答えた上で，レジ袋を有料化することがその目標にどのようにつながるのかを簡単に説明しなさい。

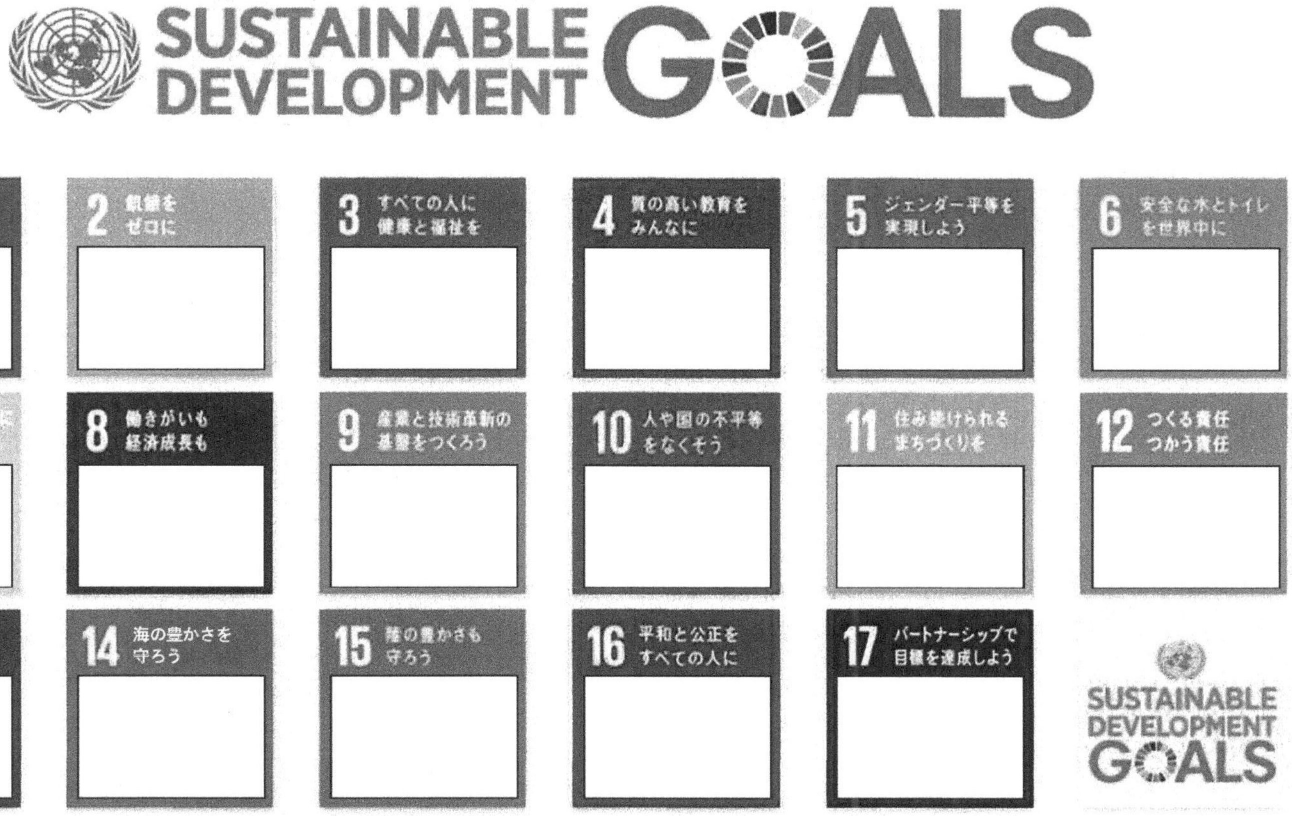

※お詫び：著作権上の都合により，イラストは掲載しておりません。ご不便をおかけし，誠に申し訳ございません。　教英出版

令和四年度 岐阜聖徳学園大学附属中学校
前期入学試験 解答用紙（国語）

※100点満点
（配点非公表）

得点

受験番号

一

問一

問二

問三

問四

問五 Ⅰ Ⅱ

問六

問七 B C

二

問一 夏

問二

問三

問四

問五

問六

問七

問八

三

問一 ① ② ③ ④ か ⑤ でる ⑥ ⑦ ⑧ ⑨ ⑩

問二 A群 B群 ① ② ③ ④ ⑤

令和４年度　岐阜聖徳学園大学附属中学校　前期入学試験　解答用紙

※50点満点

受験番号		得点	

２点×25
（1 4，1 7，2 9は完答）

1

1	A		B		C	
	J					
2						
3		g				
4	E		H			
5	F		G		I	
6		hPa				
7	①		②			
8						
9						

2

1		cm		
2		cm		
3	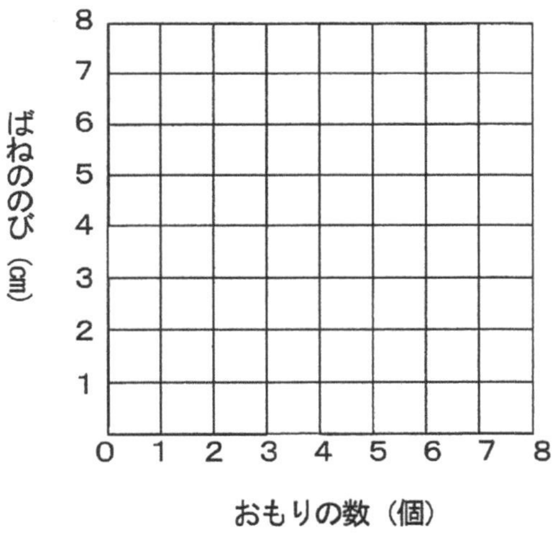			
	関係			
4		個		
5				
6		個		
7		g		
8	（1）	個	（2）	cm
9	①		②	

令和４年度　岐阜聖徳学園大学附属中学校前期入学試験　　解答用紙（社会）

※50点満点

受験番号	得点

1	1	（A）	（B）	（C）	
	2	３番目	５番目	７番目	
	3	（1）①	②		
		（2）	（3）　の変		
		（4）			
		（5）	（6）		
		（7）			
		（8）	（9）		
		(10) 松平定信が行った			
		(11)　天皇			
		(12) ①	②		
		(13)			

1．２点×３　2．完答２点
3．⑴２点×２　⑵１点　⑶２点　⑷２点　⑸１点　⑹２点　⑺２点　⑻１点　⑼１点　⑽２点　⑾２点　⑿１点×２　⒀１点

2	１（１）（A）	（B）			
	（２）	（３）			
	2	3	4	5	6

1．⑴２点×２　⑵１点　⑶２点　2．１点　3．１点　4．２点　5．２点　6．１点

3	1	
	2（番号）	

1．２点　2．３点

令和三年度　岐阜聖徳学園大学附属中学校　前期入学試験　（国語その一）

（字数にはすべて　、　。「　」をふくみます。答えはすべて解答用紙に記入しなさい。）

（45分）

一　次の文章を読んで、後の問いに答えなさい。

そもそも、人間という存在を考える道筋は無数にあります。あらゆる学問がそれぞれの方法でその問いを探求してきました。「わたし」はどのような存在で、「わたしたち」が生きていくとは、どういうことなのか？　そう簡単に答えは見つかりません。人類学者であっても、みんなが同じ考え方をするわけではありません。ここでは、まず「①人間が社会的動物である」という点から、その問いにアプローチしていきましょう。

それは人類がずっと昔から人と関わりながら生きてきたということです。個人である以前に、人との関係のなかで、あるときは子どもとして、親として、特定の集団の一員として、みずからの生き方を定め、人間関係のなかで暮らしを営んできました。近代の個人主義の観点からは、克服(こくふく)すべきとされてきた側面でもあります。

人と関わり、ある集団に身をおくとき、そこに「つながり」が生まれます。ここではこの「つながり」をひとまず「人と関係する」という意味で使います。この「つながり」には、②ふたつの働きがあります。存在の輪郭(りんかく)を強化する働きと、反対にその輪郭が溶(と)けるような働き。「ともに生きる方法」を考えるとき、この両方の側面に目を向ける必要がある、というのが私の考えです。

存在の輪郭？　溶ける？　まだ意味がよくわかりませんよね。

人との「つながり」は大切だ。多くの人はこう考えます。でも、つながっているとはいったいどういう状態なのか、じつはあまり理解されていないように思います。この章ではまず「つながり」によって存在の輪郭が強調される側面について説明していきましょう。

一般的(いっぱんてき)に「つながり」とは、AとBという独立した存在があり、そのあいだに関係が結ばれていること、そんなイメージだと思います。「私はある人と強くつながっている」とか、「人のつながりが薄(うす)れてきた」という言い方をしますよね。でも、③AやBは、最初からAやBとして独立して存在しているのか？　そう考えてみるとどうでしょう。

ある人が「子ども」であるのは、あきらかにその「親」との関係においてです。ひとりで「子ども」であることはできません。「親」も同じです。「子ども」との関係がなければ「親」にはなれません。私たちは、そうしてだれかとの関係において自分らしさを意識しているはずです。

［Ⅰ］AやBは、はじめからそういうものとして存在しているというより、人間関係のなかではじめてAやBであることができる。そう考えられます。ここで重要なのは、AやBという個人ではなく、そのAとBを関係づける「つながり」のほうです。

いま「社会が分断されている」「社会からつながりが失われている」とよく言われます。右派と左派とか[※1]、国論が二分しているとか、貧富の格差が拡大しているとか、大きな社会問題としてよく耳にします。どうしたら分断を乗り越(こ)えられるのか、なぜ社会のつながりが失われてきたのか、議論になっています。

たしかに、とても重要な問題です。でもさきほどのような意味で「つながり」をとらえると、意見の対立や格差の拡大した状態を「つながりが失われている」とは言えなくなります。

「分断」は、かならずしも「つながり」が失われた状態ではない。激しく対立し、分断しているように見えるのは、むしろ両者がつながっているからかもしれない。そう考えると、世の中が少し違(ちが)って見えるはずです。

かつての社会に分断がなかったわけではありません。④おそらくいまよりももっと大きな分断があったはずです。[※2]さきほど例にあげたように、女性や黒人であるというだけで、政治参加が認められなかった時代のほうが長いわけですから。

グローバル化が進み、情報ネットワークでだれもがつながる時代になってきました。どんな人でも、ネットにアクセスさえすれば、自分の意見を表明することができる。それまではメディアにも注目されず、だれにも耳を傾(かたむ)けられなかった声が国境を越えて世界中に拡散する。［Ⅰ］、世界はかつてないほど「つながる」時代になってきました。

以前は分断があったことすら意識されなかったはずです。奴隷(どれい)と市民は同じ人間とは考えられていなかった。多くの人は、政治や社会問題に関心を向けることもなく、関心があってもその声を表明する場や手段がなかった。それがいまや瞬時(しゅんじ)に異なる意見がネットを介(かい)して可視化され、その対立が鮮明(せんめい)に見えるようになりました。それはあきらかに「［Ⅱ］」の結果でしょう。

AとBは、互(たが)いにつながった結果として、その輪郭が強調され、存在することができる。右派と左派も、そのつながりの両端(りょうたん)

＊問題は（国語その二）に続きます。

令和三年度　岐阜聖徳学園大学附属中学校　前期入学試験　（国語その二）

（字数にはすべて　、　。「　」をふくみます。答えはすべて解答用紙に記入しなさい。）

にあらわれる。異なる意見への反論や批判があってはじめて、右と左が分かれているように見えるわけで、右も左も、じつは対立した意見をもつ相手がいなければ存在しえません。

　貧富の格差もそうです。貧しさは、豊かさとの対比のなかで強く意識されるようになります。みんなが同じような生活をしていれば、それを「貧しい」とは感じないはずです。いまや世界の富の分析（ぶんせき）や経済水準の差が⑤一目瞭然に比較（ひかく）される時代になりました。昔から変わらぬ生活をしている人たちも、豊かな国の人の暮らしやその富の大きさを突（つ）きつけられると、とたんに自身の「貧しさ」を意識するようになります。

　［Ⅰ］、対立や分断しているとされる両者は、互いにまったく相容れないと思う相手の存在を必要としている。その「つながり」の結果として対立や分断が可視化されている。そう言えるのです。

　どうでしょうか？　⑥「社会が分断されている」「社会からつながりが失われている」という広く共有された世界の見方も、たちどまって考えてみれば、異なるとらえ方が可能です。あたりまえに思える言葉や概念（がいねん）に対して違う側面から光をあて、問いを立てる。もともと文化人類学は、こういうあらたな視点を提示する学問として誕生しました。

（松村圭一郎著『はみだしの人類学　ともに生きる方法』の文章によります。なお、設問の都合で一部原文を省略・変更（へんこう）しているところがあります。）

※1　右派（うは）と左派（さは）…………伝統的な意味では社会体制を守っていく勢力を右派、新しく変えていこうという勢力を左派と呼ぶ。

※2　さきほど例にあげた……先の文章で、「アメリカで『黒人』に参政権が認められたのは一九六五年」などとある。

問一　空欄［Ⅰ］に入る適切な言葉を、次の**ア**〜**エ**から一つ選び、記号で答えなさい。

ア　そして　**イ**　だから　**ウ**　つまり　**エ**　さて

問二　空欄［Ⅱ］に入る適切な言葉を本文中からぬき出して答えなさい。

問三　——線部①「人間が社会的動物である」とありますが、どういうことでしょうか。「〜ということ」につながるように本文中から二十二字でぬき出して答えなさい。

問四　——線部②「ふたつの働き」とはどんな働きか。二つをそれぞれ本文中からぬき出して答えなさい。

問五　——線部③「AやBは、最初からAやBとして独立して存在しているのか？」とありますが、AやBとして独立した存在があって関係が結ばれているのでないならば、AやBであることができるのはなぜですか。「〜から」につながるように、本文から二十四字でぬき出して答えなさい。

問六　——線部④「おそらくいまよりももっと大きな分断があったはず」とありますが、筆者は「いま」をどんな時代になってきたと言っていますか。「〜時代」につながるように本文中から八字でぬき出して答えなさい。

問七　——線部⑤「一目瞭然」は、「一目了然」とも書き同じ読み方をします。読み方をひらがなで書き、また、次の熟語で同じような意味のものを選び、記号で答えなさい。

ア　了解　**イ**　明白　**ウ**　目的　**エ**　自然

問八　——線部⑥『社会が分断されている』『社会からつながりが失われている』という広く共有された世界の見方も、たちどまって考えてみれば、異なるとらえ方が可能です。」とあります。「貧富の格差」によって「社会が分断されている」という見方を「異なるとらえ方」で次のように説明しました。空欄に入る語句を本文中からぬき出して答えなさい。

> みんなが同じような生活をしていれば（　①　）とは感じないが、豊かな国の人の暮らしやその富の大きさを突きつけられることで（　②　）が意識されるという見方。

＊問題は（国語その三）に続きます。

令和三年度　岐阜聖徳学園大学附属中学校　前期入学試験　（国語その三）

（字数にはすべて、。「」をふくみます。答えはすべて解答用紙に記入しなさい。）

二　次の文章を読んで、後の問いに答えなさい。

二学期の国語の授業は、河井があらかじめ予告したとおり、生徒たちが語る「夏休みの思い出」ではじまり、きょうはその二回目だった。テーマをあたえられていたのかと思うほど、多くの生徒がこの夏の注目すべき天体ショーを話題にした。国内で四十六年ぶりに皆既日食を観測できるはずだった。

いすわった雲のおかげで、期待はずれに終わった。雲を透かしてうす日をみることはあっても、太陽はその姿をはっきりとはあらわさなかったのだ。天候の気まぐれに泣かされた生徒たちは、それぞれがおなじようなことばで、恨めしさや口惜しさを語った。

似かよった発表がつづいたあとで、河井はひとつづりの印刷物を配った。かつての部分日食のさい、理科部の生徒たちが記した観察日記の写しだった。そこには、①三日月のかたちの木もれびが、数かぎりなく学校の坂道にちらばったことが書かれていた。

葉と葉のかさなりあいによってできた穴を通過する光は、※1ピンホールカメラとおなじ現象によってまるく像をむすぶ。それが通常の木もれびだ。太陽が欠けると、その投影も欠ける。地面に映る影と光は、葉むらのシルエットであり、食をうける太陽の姿なのだ。

②生徒たちから、ためいきがもれた。三日月のかたちの木もれびを、まのあたりにした幸運な先輩たちへの※2羨望というよりは、望んでも手にはいらないものについて聞いたり読んだりする、かすかな腹立たしさであったかもしれない。

「国内で、つぎの皆既日食が観測できるのは二十六年後だ。それがだめなら、四十四年後もある。」

③河井はあっさりと云う。十四歳の生徒にとって、二十六年後は途方もなく先のことだ。まして四十四年後のことなど、なにも考えられない。彼らは一生に一度きりかもしれない機会をのがした思いでざわめいた。

不満をのべる生徒たちに、ありきたりの白ではなく黒の、しかもまだ暑い季節なのに長そでで、すそも長い仕事着を身にまとった河井が、どうしても自分の目で見ることをそれほど重視するのかと問う。

「先輩たちが、切り通しの道で、三日月がたの木もれびを見た。その記憶を読む君たちも、たったいま、それを見たじゃないか。ちがうか？」

この教師は、みじかめに刈った髪を立てていることでも異風であったが、※3アイスグリーンのレンズのふちなしのめがねをかけている点でも、ふつうの授業はしないのだということが、見てとれた。

「どこが不足なんだ？　自分の目で見たものでなければ、自分のものにならないと、本気で思うのか？」

現実がどうかが重要なんです、と生徒のひとりが云い、ほかの者たちもうなずいた。まったく、きみたちは重量級の石あたまだな。若いくせに、と河井は黒い仕事着のそでを左右とも、すこしつまみあげた。それが話をはじめるまえのクセだった。

「私は少年の日の夏、きみたちが日食の観測会に参加したのとおなじように、期待にみちて、野川にホタルを復活させようというグループのイベントに参加した。いまの野川の流れは濁りもなく、岸辺も草の生える土の堤でできている。川床へおりて、水遊びをすることもできる。きみたちは、これが自然の状態だと思っているだろうが、実はそうじゃない。私が小さな子どもだったころは、都会によくあるどぶ川だった。側面も底もコンクリートでかため、排水や雨水を海まで運んでゆく、あのどぶだ。大雨がふれば、たちまち増水して、道路まであふれだした。渇水になると、異臭を放った。だが、一部は岸辺を土にかえす取りくみもはじまっていた。川べりに家を建てていた人たちが移転して川幅をひろげ、土手と緑地帯と遊歩道を整備する改修がおこなわれた。そうして、私が中学生のころ、④いまの姿になったんだ。十五年ぐらい前の話さ。たしかに、川らしい川になった。草も木も生えている。でも、この川が、田園風景にとけこんでいた昔と同じになるには、絶対的に欠けているものがあったんだよ。それが、ホタルというわけさ。改修工事が終わった記念に、保存会の人たちが大事に育てたホタルを放つイベントがおこなわれた。月のない晩を選んで、まわりの照明を消し、ホタルを放した。参加者は息をこらして待ちかまえ、小さな光が闇のなかをただようのを見たよ。ひとつ、ふたつ、たよりない光をともして、飛んでいる。どこかもの哀しく、はかないものだと思った。それでも、じゅうぶん心にのこったんだが、そのあとで、地元の年配の人が話をはじめた。三十年ほど前まで小学校の教員をしていたという女の人で、Tさんという。自分が子どものころの夏の光景を語ってくれたんだ。かつて、受け持ちの子どもたちに

＊問題は（国語その四）に続きます。

令和三年度　岐阜聖徳学園大学附属中学校　前期入学試験　（国語その四）

（字数にはすべて「、」「。」「「」をふくみます。答えはすべて解答用紙に記入しなさい。）

もよく話してきかせたそうだ。というのは、三十年前、……いまからだと四十数年前になるが、すでに野川のホタルは姿を消していたからね。このあたりに自然の状態でホタルが生息していたのは、六十年以上前の話なんだよ。きみたちの祖父母の世代が子どもだったころさ。当時は野川が田圃（たんぼ）のなかを、うねうねと蛇行（だこう）しながら流れ、土手もなく、せいぜいちょっとした盛土がしてあるくらいで、水をはった田圃と川面はほとんどおなじ高さだった。⑤Tさんはそんな時代の話をしてくれた。私は自分の目で見なくても心にのこる風景が、この世にあるんだということを知った。……これからその話をする。心して聞けよ。」

河井はそこで、みなに聞く気があるかどうかをたしかめるように、教室を見わたし、そこから話をつづけた。

（長野まゆみ著『野川』の文章によります。なお、設問の都合で一部原文を省略・変更しているところがあります。）

※1　ピンホールカメラ……写真レンズを使わない針穴（ピンホール）を利用したカメラ
※2　羨望……………つよくうらやましく思う気持ち
※3　アイスグリーン………氷山の氷のような、わずかに緑がかった水色

問一　――線部①「三日月のかたちの木もれびが、数かぎりなく学校の坂道にちらばったことが書かれていた。」とありますが、なぜ木もれびが三日月のかたちになるのですか。その説明を「～から」につながるように本文中から十六字でぬき出して答えなさい。

問二　――線部②「生徒たちから、ためいきがもれた」とありますが、生徒たちがためいきをついた理由として考えられることを答えなさい。

問三　――線部③「河井はあっさりと云う。」とありますが、河井はなぜ「あっさり」言ったのか答えなさい。

問四　――線部④「いまの姿になったんだ」とありますが、野川のいまの姿を表している連続した二文を本文中からぬき出して、初めの六字を答えなさい。

問五　――線部⑤「Tさんはそんな時代の話をしてくれた。」とありますが、この後、河井はTさんから聞いた野川の様子の話をします。次の問いに答えなさい。

（1）そんな時代、ホタルはどんな状態で生息していたのか、本文中から五字でぬき出して答えなさい。

（2）Tさんが河井たちに語ったホタルの様子を想像して七十字以内で書きなさい。

三

次の――線部のカタカナを漢字に改めなさい。

①　新セイ品を販売する　②　安全セイの基準をもうける　③　セイ神力をつける

④　セイ治家が演説する　⑤　強セイ力を発揮する

四

次の――線部のカタカナを漢字と送りがなに改めなさい。

①　裏の畑をタガヤス　②　ズボンのすそがヤブレル　③　うちの猫はいたずらがスギル

④　アマッタ時間を有効につかう　⑤　かける前に電話番号をタシカメル

五

次のことわざの（　）に入る適切な語をひらがなで答えなさい。また、ことわざの意味を、後の**ア**～**カ**からそれぞれ選び記号で答えなさい。

①（　　）ずるより産むがやすし　②　えびで（　　）を釣る　③　言わぬが（　　）

④（　　）の目にも涙　⑤　住めば（　　）

ア　心配したことも、実際にやってみると案外たやすくできるということ

イ　どんな土地でも、住み慣れればよいところだと思えるようになるということ

ウ　わずかな労力で大きな利益を得ること

エ　思いやりのないような人でも、時には情に負けてやさしい態度をとることもあるということ

オ　はっきり言わない方が、味わいがあり差しさわりもなくてよいということ

カ　つらくてもしんぼうしてがんばれば、いつかは報われるということ

※100点満点
（配点非公表）

令和３年度　岐阜聖徳学園大学附属中学校　前期入学試験（算数その１）

(45分)（計算は問題の下のあいている部分を使い，答えは □ に記入しなさい。）

受験番号	得点

1 次の (1) ～ (4) の計算をしなさい。

(1) $20-3\times4\div2$

□

(2) $\left(\dfrac{11}{6}+\dfrac{1}{2}+\dfrac{2}{3}-2\right)\times6$

□

(3) $(7.38+4.3)\times0.25-1.344\div1.68$

□

(4) $1\dfrac{11}{12}\div\left(2\dfrac{1}{5}-\dfrac{2}{3}\right)\times\dfrac{4}{5}$

□

2 次の (1) ～ (6) の問いに答えなさい。

(1) 下の図は，長方形と正三角形が重なったものです。㋐の角の大きさを求めなさい。

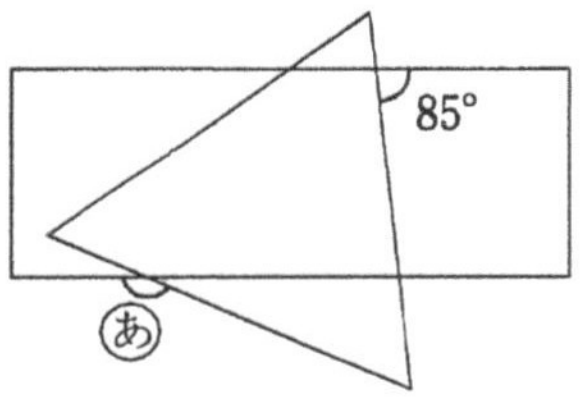

□ 度

(2) 下の図は，ひし形 ABCD の内部に，正方形 AECF をかいたものです。色のついた部分の面積を求めなさい。

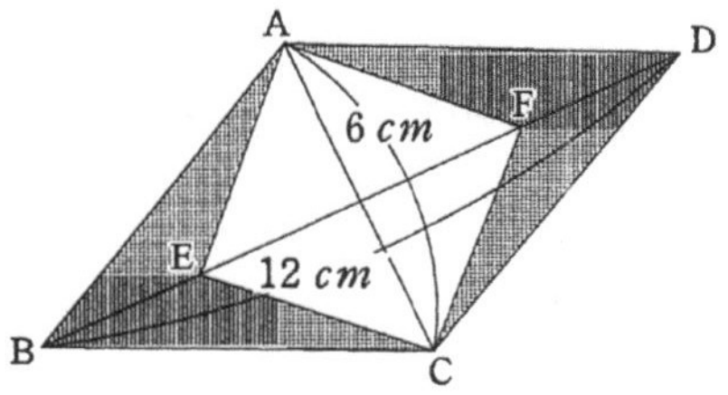

□ cm^2

(3) ある仕事を仕上げるのに，学くんは１人で６日間，夢見ちゃんは１人で 12 日間かかります。この仕事を学くんと夢見ちゃんの２人ですると，何日間で仕上げることができるか求めなさい。

□ 日間

(4) 学くんは，算数クイズ 30 問に挑戦しました。1 問正解するごとに 10 点たされ，まちがえると逆に 5 点引かれます。クイズの結果，得点は 195 点でした。学くんは何問正解したか求めなさい。

□ 問

(5) 現在，夢見ちゃんは 11 才，お兄さんは 14 才，お母さんは 38 才，お父さんは 42 才です。今から □ 年後に両親の年れいの和が２人の子どもの年れいの和の２倍になります。
□ にあてはまる数字を求めなさい。

□

(6) 100 円玉，50 円玉，10 円玉がたくさんあります。これらを使って 250 円はらうとき，硬貨の組み合わせは何通りあるか求めなさい。ただし，使わない硬貨があってもよいものとします。

□ 通り

3 夢見ちゃんは学校で国語と算数と理科と社会のテストを受けました。国語をのぞいたテストの平均点は 87 点で，算数をのぞいたテストの平均点は 79 点でした。このとき，次の (1)，(2) の問いに答えなさい。

(1) 国語と算数のテストを比べたとき，どちらが何点高いか求めなさい。

□ が　　点高い

(2) 理科と社会の平均点が 83 点であったとき，国語の点数を求めなさい。

□ 点

令和３年度　岐阜聖徳学園大学附属中学校　前期入学試験（算数その２）
（計算は問題の下のあいている部分を使い，答えは［　］に記入しなさい。）

受験番号

4　右の図のように，1 辺が 24 *cm* の正方形 ABCD があります。点 P は点 A を出発して毎秒 2 *cm* の速さで辺 AD 上を往復します。点 P と同時に点 Q は点 B を出発して毎秒 4 *cm* で辺 BC 上を往復します。次の (1)，(2) の問いに答えなさい。

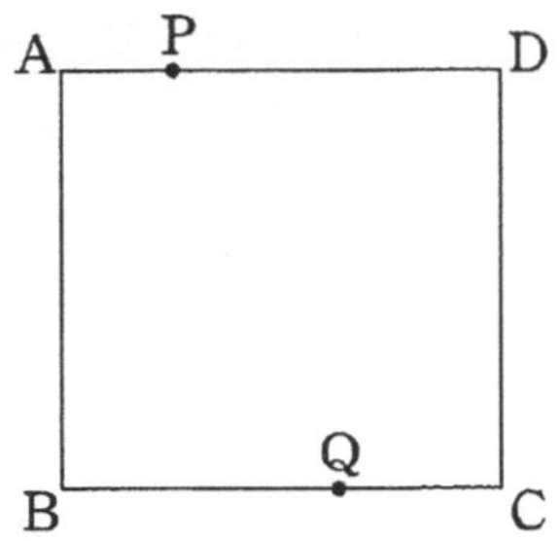

(1)　3 秒後の三角形 ABP と三角形 ABQ の面積をそれぞれ求めなさい。

三角形 ABP　　cm^2

三角形 ABQ　　cm^2

(2)　最初に三角形 ABP と三角形 ABQ の面積が等しくなるときは何秒後かを求めなさい。

秒後

5　右の図のようなサッカーボールを，正五角形 12 枚，正六角形 20 枚からできている多面体と考えて，次の(1)，(2)の問いに答えなさい。

(1)　頂点の数を求めなさい。

個

(2)　辺の数を求めなさい。

本

6　下の図のように，水がいっぱい入っている容器 A にからっぽの容器 B をまっすぐにしずめていきます。このとき，次の (1) 〜 (3) の問いに答えなさい。ただし，容器のふたはなく，厚さは考えないものとします。

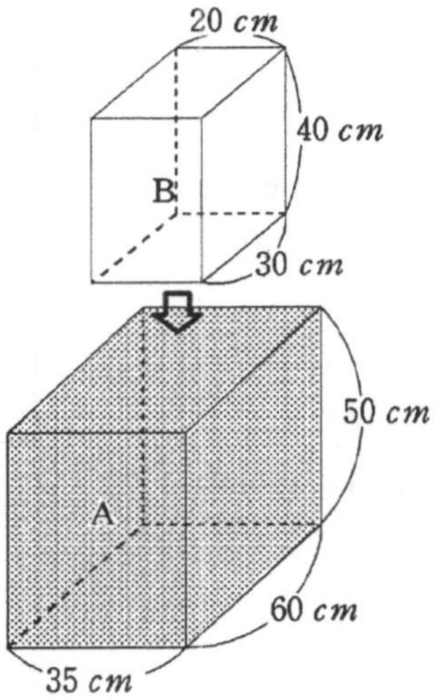

(1)　容器 B を A の底面から 10 *cm* 上までしずめました。A からあふれ出た水の量を求めなさい。

cm^3

(2)　さらに容器 B を A の底面までしずめました。そのとき容器 B の中に水が流れこんでいきました。容器 B の水の深さを求めなさい。

cm

(3)　さらにそのまま容器 B を取り出しました。容器 A に残った水の高さを求めなさい。

cm

令和３年度　岐阜聖徳学園大学附属中学校　前期入学試験（理科その１）

(30分)　　（答えはすべて解答用紙に記入しなさい。）

1　次の文章を読み，１～５の問いに答えなさい。

５つの同じ体積の球があり，これらはそれぞれ物質A～Eでできています。物質A～Eがそれぞれ何であるかを区別するために，次のような実験を行いました。

A～Eの物質は，「鉄」，「銅」，「アルミニウム」，「ニッケル」，「炭素」のいずれかです。ニッケルとは，50円硬貨の原材料として用いられている物質です。昔の50円硬貨は100%ニッケルからできていましたが，現在の50円硬貨は，全体の25%がニッケルでできています。

【実験１】

A～Eの物質に対して，磁石を近づけてくっつくかどうかを調べると，BとDが引きよせられました。また，現在の50円硬貨に磁石を近づけても反応は見られませんでしたが，昔の50円硬貨は磁石に引きよせられることがわかっています。

【実験２】

A～Eの物質を加熱すると，Eはけむりをだして燃えました。

1　A～Eの物質を，ある条件で仲間分けすると，１つだけ別のグループに分けることができます。１つだけ別のグループになる物質の物質名を答えなさい。

2　１で用いた仲間分けの条件を簡潔（かんけつ）に説明しなさい。

3　A～Eの物質すべてに共通する性質として適切なものを，次のア～エから１つ選び，記号で答えなさい。

ア　水の中に入れると浮く　　イ　電気を通す　　ウ　たたくとのびる　　エ　加熱すると，二酸化炭素が発生する

4　AとCの物質の組み合わせとして適切なものを，次のア～エから１つ選び，記号で答えなさい。

ア　銅と鉄　　イ　銅とアルミニウム　　ウ　銅とニッケル　　エ　銅と炭素

5　物質Cは，１円硬貨の原材料として使われています。物質Cの名称を答えなさい。また，この物質Cの球を水に入れたときの様子についても簡潔に説明しなさい。

2　次の文章を読み，１～７の問いに答えなさい。

私たちには，光や音が伝わる様子を見ることができないため，これらがどのように進んでいるかがわかりません。

光について調べるために，日光を鏡で日陰に向かって反射させる実験を行いました。その結果，光が（　A　）進んでいることがわかりました。また，鏡の枚数を増やし，１つの場所に複数の鏡で反射した日光を集めると，１枚の時との①違いが２つ見られました。私たちにいろいろなものが見えているのは，この光のおかげです。つまり，物質にあたった光が反射し，それが目に入ることでその物質を見ることができているということなのです。

音について調べていくと，音を出している物（音源（おんげん））は，必ず振動（しんどう）していることが分かりました。また，音の様子と振動の様子の関係をくわしく調べると，②いくつかの関係性が見られました。また，音源から耳へと音が伝わるしくみは，音源の振動が空気へと伝わり，空気の振動が耳の中にある鼓膜（こまく）という部分に伝わり，鼓膜から振動が骨や神経（しんけい）に伝わっていくものです。水中で音を鳴らすと，水が空気の役割を果たすことで，音源の振動が耳へと伝えられて，聞くことができます。しかし，水と空気とでは振動の伝えやすさが違うため，伝わるのに時間がかかったり，小さな音に聞こえてしまったりするのです。

1　（　A　）に適切な言葉を答えなさい。

2　下線部①の違いを１つ簡潔に説明しなさい。

3　下線部②の関係性について，音の大きさを小さくした時，振動はどうなりますか。次のア～エから適切なものを１つ選び，記号で答えなさい。

ア　一定時間に振動する数は多くなった　　イ　一定時間に振動する数は少なくなった

ウ　振動する幅は大きくなった　　エ　振動する幅は小さくなった

4　音の大きさではなく，音の高さについて，ギターを利用して調べることにしました。ギターには太さの異なる６本の弦があり，１弦から６弦まで，どんどん太くなっていきます。音の高さには「振動数（しんどうすう）」と「弦の太さ」が大きくかかわります。振動数とは，一定時間あたりに弦が振動する回数を表したものです。振動数が多くなればなるほど，音の高さは高くなります。弦の太さが変わることで，どのように音の高さが変化するかを述べた次の文章の（　B　）（　C　）に当てはまる適切な語句を答えなさい。

「同じ強さで張ってある細い弦と太い弦を同じ強さではじいたとしても，太い弦の方が重いので，振動数が（　B　）ため，（　C　）音が出る。」

5　Pさんは，音が伝わる速さを計算で出そうとしました。そのために，PさんとQさんが離れた場所に立って，Pさんがピストルを鳴らしてから，その音がQさんに聞こえるまでの時間を計りました。二人が1020m離れていたとき，Pさんがピストルを鳴らしてから，Qさんに音が聞こえるまで３秒かかったとすると，音の速さは秒速何mになるか求めなさい。

6　Qさんは，Pさんが求めた音の速さを使って，音が聞こえるまでにかかる時間を計算で調べることにしました。500m離れた壁に向かってピストルを鳴らし，その音が壁ではね返って自分に聞こえるまでにかかる時間を求めなさい。ただし，音が空気中を伝わる速さは５で求めたものを使い，答えは四捨五入して小数第２位まで求めなさい。

7　光が伝わる速さと，音が伝わる速さを比べると，光の伝わる速さの方が速いことが分かっています。このことは，身近に起こる現象から説明することができます。その現象の１つとして「打ち上げ花火」が挙げられます。「打ち上げ花火」のどのような現象から，光が伝わる速さの方が音の伝わる速さより速いといえるかを簡潔に説明しなさい。

（答えはすべて解答用紙に記入しなさい。）

3 次の文章を読み，１～８の問いに答えなさい。

地球からは，多くの星や天体が見えます。その中には，自ら光を放っているものとそうでないものとがあります。星については，一つひとつ明るさが異なり，明るさの違いを利用して「等級」という区別をしています。一番明るい星を（　A　）として，それ以降，順に区別をしていきます。明るさ以外に，何色に光っているかの違いもあり，これは星の表面温度がかかわっています。また，自ら光を放つ天体の代表として，太陽が挙げられます。日本から見ると，太陽は（　C　）からのぼり，（　D　）の空を通って（　E　）にしずんでいきます。また，季節によって太陽が昇っている時間に違いが出ます。１年間で，太陽ののぼっている時間が最も短い日のことを（　F　）といい，時間が最も長い日を（　G　）といいます。それに対して，月は自ら光を放っていません。月が光って見えるのは，月で反射した太陽の光が目に入っているためです。そのため，月と地球と太陽の位置関係の違いによって，太陽の光が当たっている部分と地球から見える部分が変化し，月の形は違って見えています。

1　（　A　）に当てはまる適切な語句を答えなさい。

2　季節ごとに見える星と星とをつないで，動物や道具に見立てて名前をつけたものを何というか答えなさい。

3　2について，夏にみられる代表的なものに「夏の大三角形」があります。それについて説明した次の文章の（　　　）に当てはまる適切な語句を答えなさい。

「夏の大三角形は，はくちょう座のデネブ，こと座のベガ，（　　　）のアルタイルの３つをつないでできている。」

4　（　C　）～（　E　）に入る方角の組み合わせとして正しいものを，次のア～エから１つ選び，記号で答えなさい。

ア　（　C　）：西　（　D　）：南　（　E　）：東　　イ　（　C　）：東　（　D　）：南　（　E　）：西

ウ　（　C　）：西　（　D　）：北　（　E　）：東　　エ　（　C　）：東　（　D　）：北　（　E　）：西

5　（　F　）（　G　）に当てはまる語句として正しいものを，次のア～エからそれぞれ１つずつ選び，記号で答えなさい。

ア　春分　　イ　夏至　　ウ　秋分　　エ　冬至

6　下線部について，右の図を用いて考えます。月Aを地球のP地点から見た場合と，月Cを地球のR地点から見た場合は，同じ形の月を見ることができます。見える月の名称として適切なものを，次のア～エから１つ選び，記号で答えなさい。

ア　満月　　イ　半月　　ウ　三日月　　エ　新月

7　地球のS地点から見た月Dのことを何といいますか。6のア～エから適切なものを１つ選び，記号で答えなさい。

8　月Dの位置から月Aの位置に動く間で見ることのできる月を何といいますか。6のア～エから適切なものを１つ選び，記号で答えなさい。

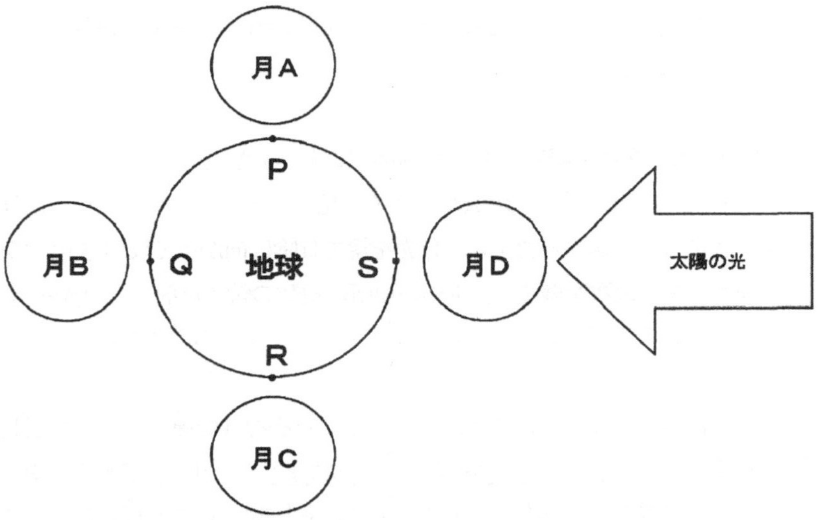

4 次の文章は，ヒトのからだが動くしくみについて述べています。１～３の問いに答えなさい。

ヒトのからだには骨と筋肉（きんにく）があり，それらが腱（けん）という部分でつながっています。まず，骨の大切なはたらきとして，からだを（　A　）はたらきがあります。骨と骨の間の曲げることができる部分のことを（　B　）といい，人間の体には約 260 個の（　B　）が存在し，このおかげで，体を動かしたり走ったりといった複雑な動きをすることができます。腕（うで）を曲げたりのばしたりする運動を例に，骨と筋肉，（　B　）の関係を考えてみます。骨の上と下それぞれに筋肉があり，それらは肘（ひじ）の（　B　）をまたぐようにして骨についています。腕を曲げると，曲げた腕の内側の筋肉は（　C　），外側の筋肉が（　D　）。このように，筋肉と骨が連動してはたらくことによって，からだを動かすことができています。

1　（　A　）に当てはまる適切な語句を答えなさい。

2　（　B　）に当てはまる適切な語句を答えなさい。

3　（　C　）（　D　）に当てはまる適切な語句をそれぞれ答えなさい。

令和３年度　岐阜聖徳学園大学附属中学校前期入学試験（社会その１）

（答えはすべて解答用紙に記入しなさい）

(30分)

1　次の**あ**～**き**の文を読んで，１～３の問いに答えなさい。

あ　幕府はアメリカと日米修好通商条約を結びました。

い　キリスト教への迫害や重い年貢の取り立てに苦しんだ人々が九州で一揆を起こしました。

う　（Ａ）は中国の進んだ文化を取り入れるために，数回にわたり遣隋使を送りました。

え　（Ｂ）は壇ノ浦の戦いで平氏を滅ぼし，幕府を開きました。

お　板垣退助らは，政府に対して国会を開設するように求める民撰議院設立の建白書を提出しました。

か　（Ｃ）は家臣の明智光秀の裏切りにより，自害に追い込まれました。

き　政治の実権を取り戻すために後鳥羽上皇が兵を挙げましたが，幕府の大軍に敗れました。

１　文章中の（Ａ）～（Ｃ）にあてはまる人名を，それぞれ漢字で答えなさい。

２　**あ**～**き**の各文を，内容の古い文から新しい文の順に並べたとき，３・５・７番目にあたる文を選び，記号で答えなさい。

３　**あ**～**き**の各文について，次の問いに答えなさい。

（１）「**あ**」について，この条約を結んだ大老を**ア**～**エ**から１つ選び，記号で答えなさい。

ア　本居　宣長　　**イ**　井伊　直弼　　**ウ**　水野　忠邦　　**エ**　田沼　意次

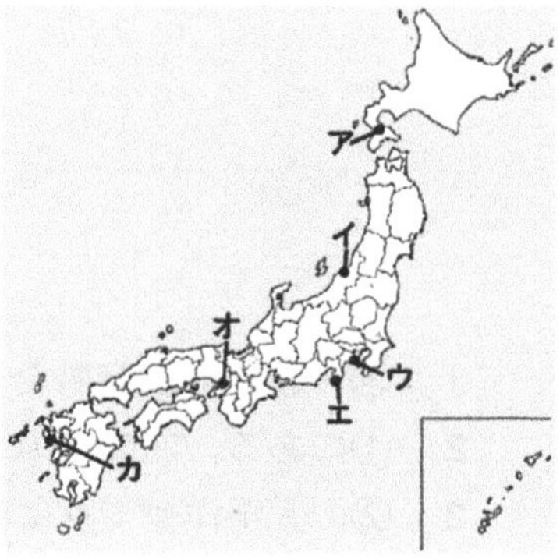

（２）「**あ**」について，この条約で開港した港としてあやまっているものを右の地図の**ア**～**カ**から１つ選び，記号で答えなさい。

（３）「**い**」について，天草四郎（益田時貞）を大将としたこの一揆を何というか，答えなさい。

（４）「**い**」について，幕府は，この一揆以降に「鎖国」政策を強めていきますが，中国とオランダの２か国には貿易を認めます。その理由を「キリスト教」という語句を用いて説明しなさい。

（５）「**う**」について，（Ａ）に関係する出来事を説明した文としてあやまっているものを**ア**～**エ**から１つ選び，記号で答えなさい。

ア　小野妹子に持たせた国書は隋の皇帝を怒らせることになった

イ　現存する世界最古の木造建築物である法隆寺を建立した

ウ　持統天皇の摂政となり，天皇中心の政治制度を整えた

エ　十七条の憲法で，仏教や儒教の教え，役人の心得を示した

（６）「**う**」について，（Ａ）が定めた「冠位十二階」の目的を説明しなさい。

（７）「**え**」について，この幕府におかれた，将軍を補佐する役職を何というか，答えなさい。

（８）「**お**」について，板垣退助はどの藩の出身か，**ア**～**エ**から１つ選び，記号で答えなさい。

ア　長州藩（山口県）　　**イ**　薩摩藩（鹿児島県）　　**ウ**　肥前藩（佐賀県）　　**エ**　土佐藩（高知県）

（９）「**か**」について，（Ｃ）が行った「楽市・楽座」の政策の内容を，「座」「経済」という語句を用いて説明しなさい。

（10）「**か**」の時代について，この時代に関連するものとしてあてはまるものを**ア**～**エ**から１つ選び，記号で答えなさい。

ア

イ

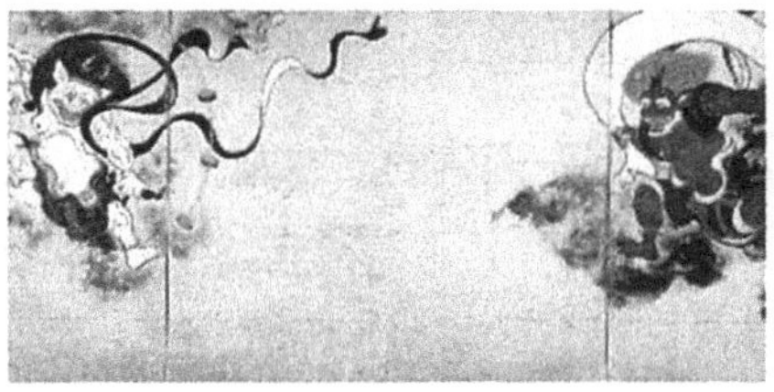

ウ

エ

（11）「**き**」について，後鳥羽上皇が流された場所を**ア**～**エ**から１つ選び，記号で答えなさい。

ア　伊豆　　**イ**　佐渡　　**ウ**　隠岐　　**エ**　淡路

（12）「**き**」について，この反乱のあとの幕府の政策について，次の文の（　　）にあてはまることばをそれぞれ答えなさい。

幕府は，京都に（　①　）という役職を置き，（　②　）にあたらせた。

（答えはすべて解答用紙に記入しなさい）

2　2019 年に，日本でラグビーワールドカップが開催されました。下の地図の①～⑫は，その試合が行われた都道府県です。これを見て，１～11 の問いに答えなさい。

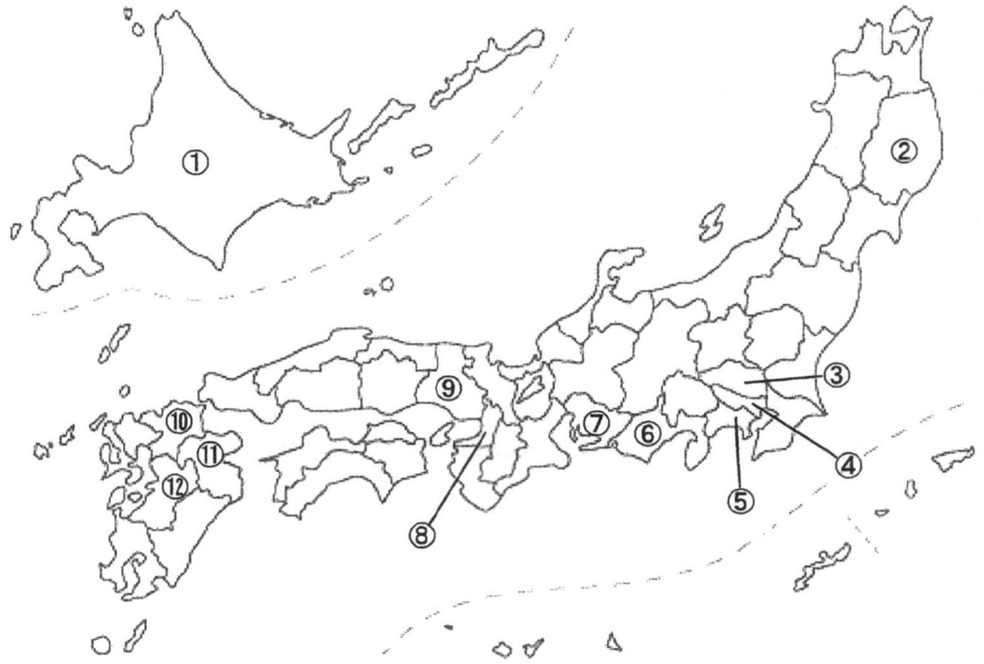

1　①～⑫の都道府県を 2020 年現在の人口の多い順に並べたとき，４番目になる都道府県を選び，記号（①～⑫）で答えなさい。

2　①にある，2005 年に世界自然遺産に登録された半島を何というか答えなさい。

3　②の太平洋側で夏に吹く，冷害をもたらす冷たい風を何というか答えなさい。

4　③を説明した文として正しいものを**ア～エ**から１つ選び，記号で答えなさい。

ア　西部には山地，東部には平野が広がっている。ほうれんそう・ねぎなど野菜作りが盛んで京浜方面へ出荷している。東京へ通う人が多く住んでいる

イ　北部は山がちで，南部の平地では米のほか，いちご・かんぴょうなどの特産物がある。県庁所在地はぎょうざの町として知られている

ウ　中南部には平らな土地が広がり，豊富な水資源を生かした農業が盛んな一方で東部には大規模な工業地域がある。県庁所在地の特産品は納豆である

エ　流域面積が日本最大級の利根川上流に位置し，西部には活発に火山活動をする浅間山がある。高地では涼しい気候を生かしたキャベツの栽培が行われている

5　⑤ではラグビーワールドカップの決勝戦が行われ，イングランドと南アフリカが対戦しました。イングランドはイギリスを構成している４つの国（地域）の１つであり，南アフリカは以前イギリスの領土だったため，両国は近い関係にあります。同じ様にイギリスと関係の深い国として正しい国を**ア～エ**から１つ選び，記号で答えなさい。

ア　ブラジル　　**イ**　フランス　　**ウ**　中国　　**エ**　オーストラリア

6　⑥から日本海側の新潟県までを結ぶ線の東側に広がる，本州を地質的に西日本と東日本に分ける大きな溝をカタカナ７字で何というか答えなさい。

7　下の図は，日本の代表的な工業地帯の工業生産額の品目別割合を示したものです。⑦を中心とする工業地帯のグラフを**ア～エ**から１つ選び，記号で答えなさい。

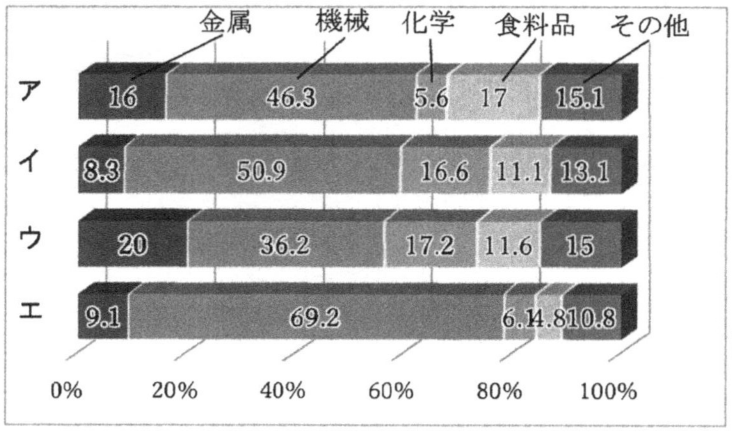

『日本国勢図会 2019』より作成

（答えはすべて解答用紙に記入しなさい）

8　⑨を中心として，1995 年に発生した災害を何というか答えなさい。

9　⑩の県庁所在地を漢字で答えなさい。

10　⑪の主要な都市の雨温図として正しいものをア～エから１つ選び，記号で答えなさい。また，それを選んだ根拠を解答欄に合うように答えなさい。

ア
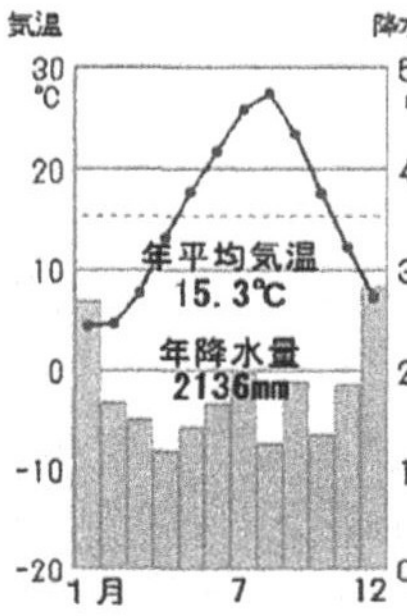

イ
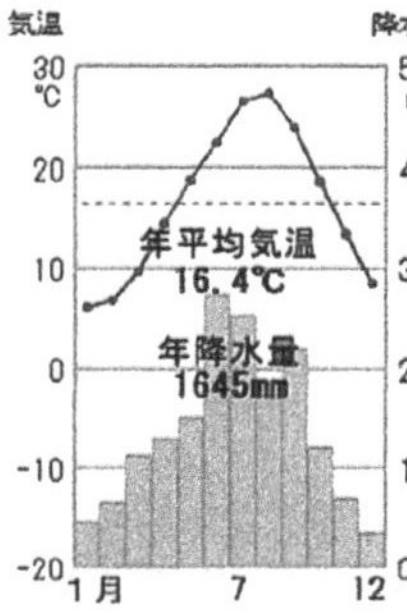

ウ
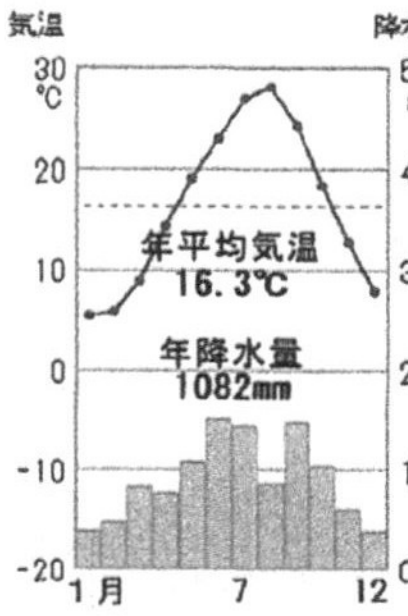

エ
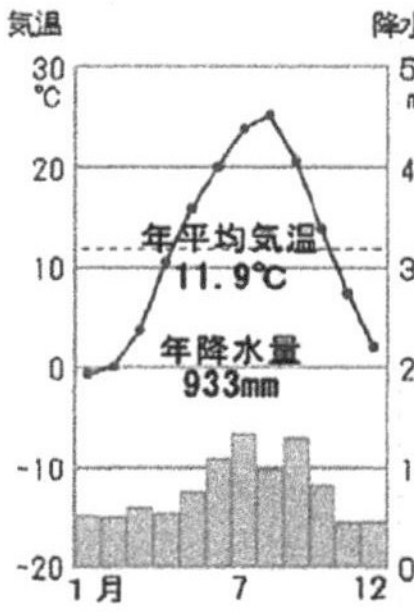

11　⑫にある阿蘇山のように九州地方には活火山が多く，災害の原因にもなっていますが，うまく利用すれば，火山は私たちのくらしに恩恵を与えてくれる存在でもあります。火山の恵みを生かす取り組みとしてどのような例があるか答えなさい。

3　次の図と表を見て，１～３の問いに答えなさい。

【図】情報媒体別広告費（単位　億円）

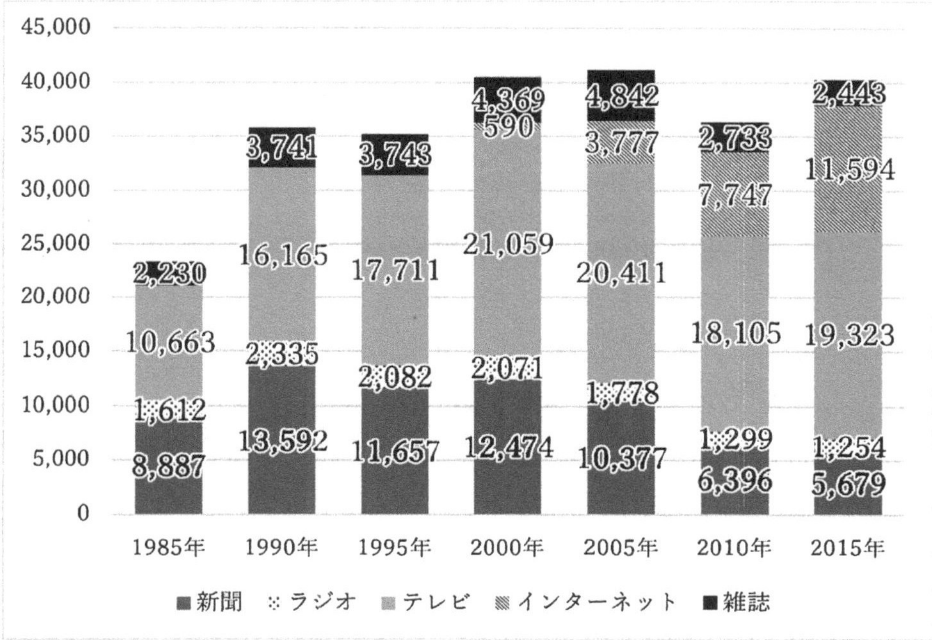

【表】国内郵便の取り扱い数の推移

（単位　百万通，百万個）

	通常郵便物	荷物
1985 年	16,920	151
1990 年	22,338	351
1995 年	24,263	400
2000 年	26,114	310
2005 年	22,666	2,075
2010 年	19,758	2,968
2015 年	17,981	4,052

『日本国勢図会 2019』より作成

1　新聞やテレビ，ラジオなど，一度に大量の情報を伝達することができる媒体（手段）のことを何というか，カタカナ６字で答えなさい。

2　【図】について述べた文としてあやまっているものをア～エから１つ選び，記号で答えなさい。

ア　1990 年代にインターネットが登場し，2000 年代に急速に普及している

イ　1985 年から 2015 年にいたるまで，最も広告が盛んにおこなわれている媒体（情報を伝達する手段）はテレビである

ウ　ラジオにかけられる広告費は，1985 年以来一度も増えることなく減り続けている

エ　新聞はピークの頃と比べて広告費が半分以下に急減している

3　【表】を見て，通常郵便物と荷物の数の変化について，【図】からわかるインターネットの普及による具体的な変化に触れ，解答欄に合うように答えなさい。

令和三年度岐阜聖徳学園大学附属中学校
前期入学試験　解答用紙（国語）

※100点満点
（配点非公表）

受験番号	
得点	

一

問一

問二

問三　ということ。

問四　一つ目　二つ目

問五　から。

問六　時代。

問七　読み方　記号

問八　①　②

二

問一　から。

問二

問三

問四

問五　1　2

三

①　②　③　④　⑤

四

①　②　③　④　⑤

五

①　語句　記号

②　語句　記号

③　語句　記号

④　語句　記号

⑤　語句　記号

解答用紙（国語）

一

二

三

四

五

令和３年度　岐阜聖徳学園大学附属中学校　前期入学試験　解答用紙（理科）

※50点満点
（配点非公表）

受験番号	

得点

1

1		
2		
3		
4		
5	名称	様子

2

1		
2		
3		
4	B	C
5		
6		
7		

3

1		
2		
3		
4		
5	F	G
6		
7		
8		

4

1		
2		
3	C	D

令和３年度　岐阜聖徳学園大学附属中学校前期入学試験　　解答用紙（社会）

受験番号	得点

※50点満点
（配点非公表）

1	1	（A）		（B）	（C）
	2	３番目	５番目	７番目	
	3	（1）	（2）	（3）	
		（4）			
		（5）			
		（6）			
		（7）		（8）	
		（9）			
		(10)	(11)		
		(12) ①		②	

2	1	2		
	3		4	5
	6		7	
	8		9	
	10	根拠　　　　こと		
	11			

3	1		2
	3	通常郵便物は、　　　　ことにより　　　　いる。 荷物は、　　　　ことにより　　　　いる。	